Nostradamus

Kurt Allgeier

Nostradamus

Was uns in den nächsten Monaten und Jahren bevorsteht

KOPP VERLAG

1. Auflage November 2020

Copyright © 2020 bei
Kopp Verlag, Bertha-Benz-Straße 10, D-72108 Rottenburg

Alle Rechte vorbehalten

Umschlaggestaltung: Laura Hönes
Satz und Layout: opus verum, München

ISBN: 978-3-86445-786-9

Gerne senden wir Ihnen unser Verlagsverzeichnis
Kopp Verlag
Bertha-Benz-Straße 10
D-72108 Rottenburg
E-Mail: info@kopp-verlag.de
Tel.: (074 72) 98 06-10
Fax: (0 74 72) 98 06-11

Unser Buchprogramm finden Sie auch im Internet unter:
www.kopp-verlag.de

Inhalt

Vorwort

Es ist so weit. Wir stecken schon mitten im schrecklichen Chaos, das der große Prophet Michel Nostradamus (1503–1566) als Vorbote des Dritten Weltkriegs angekündigt hat. Die 500 Jahre seit der Veröffentlichung seiner Prophezeiungen, die er als Zeitpunkt für die Wiederholung des 30-jährigen Krieges (1618–1648) mehrfach genannt hat, sind vorbei. Was zuletzt fehlte, die angekündigte »Pest«, machen wir in Form der Corona-Seuche gerade durch. Für diesen Augenblick hat der Prophet angekündigt, dass der große Krieg des Islam als Anfang der weltweiten Katastrophe mit dem Dritten Weltkrieg beginnen wird.

Wir mussten erleben, dass die Radikalisierung des Islam durch IS und ähnliche Gruppierungen und deren sinnloses Morden auch in unseren westlichen Ländern die Welt grundlegend verändert hat. Das war nur der Anfang, und diese Entwicklung wird nun verstärkt zurückkehren. Wir mussten zuletzt zusehen, wie die Feindschaft zwischen Schiiten und Sunniten, den beiden islamischen Gruppen, immer heftiger wird. Niemand hat die beiden Gruppierungen, die sich gegenseitig mehr hassen als die christliche Welt, zur Vernunft gerufen. Die Saudis, die bisher im Prinzip nur Öl verkaufen konnten, die sich dabei aber mit ihrem Reichtum recht friedlich verhielten, bekamen vom US-Präsident Donald Trump für 800 Milliarden Dollar Waffen geliefert. Den Schiiten, angeführt vom weltweit unterschätzten Iran, der kurz vor der Herstellung von Atomwaffen steht, ist gleichzeitig verboten worden, weiterhin Öl und andere Waren ins Ausland zu liefern.

Der Konflikt hat sich zuletzt also deutlich verschärft. Die Bombardierung der Ölquellen in Saudi Arabien durch den Iran war ein erster Anfang. Nun kann schon heute oder morgen der große Krieg in der islamischen Welt ausbrechen.

Wir erleben, dass Kriege wie der in Syrien nicht mehr zu Ende gehen. Was dort heute unter dem Einfluss der Türken und der Russen passiert, ist weit schlimmer als die ersten Jahre. Nachdem dieser Krieg schon 7 Jahre gedauert hatte, sah es nach einem Ende aus. Stattdessen wurde er immer noch grausamer. Hunderttausende leben auf der Flucht. Die Orte, in denen die Kurden lebten, sind nur noch Trümmer. Und es wird weiterhin geschossen, vertrieben, ermordet. Der radikale IS ist nicht weg. Man hat zwar deren Anführer umgebracht, doch es wird wohl neue, noch schlimmere Anführer geben. Und die westliche Welt schaut zu und unternimmt nichts. Die USA haben ihre Truppen wieder abgezogen.

Im Jemen, dem ursprünglichen »glücklichen Arabien«, kämpfen Sunniten und Schiiten seit mehr als vier Jahren gegeneinander, ohne dass die Welt viel Kenntnis davon nimmt. Wir müssen die Bombardierung der saudischen Ölquellen durch den Iran im zurückliegenden Oktober als die eigentliche Kriegserklärung begreifen.

Nostradamus hat angekündigt, dass dieser islamische Krieg so lange dauern wird, bis es einem der Anführer der islamischen Kriege gelungen sein wird, alle islamischen Staaten zu beherrschen. Er, der »Antichrist«, der schon in der Bibel so genannt ist, wird das Islamische Großreich gründen, das sich dann vom Atlantik bis nach Indien, eingeschlossen ganz Afrika, erstrecken wird.

Wenn es so weit gekommen ist, wird dieser Islamische Großstaat dem Rest der Welt den Krieg erklären: Wer nicht das Zeichen des Islam auf seiner Stirn eingeprägt hat, besitzt keine Überlebenschance mehr. Dieser Dritte Weltkrieg wird dann 27 Jahre dauern. Nicht die Amerikaner, sondern der noch sehr junge Franzose Chiren, vermutlich ein jüngerer Mann mit dem Namen Henric, wird schließlich, unterstützt von den europäischen Staaten und Russland, den Krieg gewinnen und beenden. Doch die Bevölkerung auf unserer Erde wird sich auf ein Drittel verringert haben.

Doch dies ist nur eine Seite der drohenden Zukunft. Die andere Seite hat uns mit dem Coronavirus gezeigt, wie schnell und massiv eine

Seuche auch die Wirtschaft lahmlegen kann, wenn man aus Angst vor einer Ansteckung alle Kontakte einschränken oder abbrechen muss.

Nostradamus war nicht nur ein Prophet, er war auch ein hervorragender Astrologe, der zu seiner Zeit bereits die Planeten Neptun und Pluto kannte und sie in seine Berechnung der Sterne einbezog. So wusste er: Wir stehen wieder einmal an dem Punkt, an dem ein Zeitalter zu Ende geht. Im Jahr 2025, also in 5 Jahren, ist diese Neuzeit vorbei. Man kann in der Geschichte zurückgehen, soweit man will: Immer hat es vor dem Beginn eines neuen Zeitalters einen großen Umsturz in Gestalt eines Krieges gegeben. Um nur die letzten drei Umbrüche zu nennen:

- ❦ Zu der Zeit, als Nostradamus lebte, stand der Planet Pluto wie heute im Sternzeichen Steinbock. Das sogenannte Mittelalter ging zu Ende. Die christliche Kirche zerbrach in die Glaubensrichtungen der Katholiken und der Protestanten. Es folgte der 30-jährige Krieg (1618–1648). Danach kam der neue Aufbruch der Menschheit mit der Renaissance.
- ❦ 240 Jahre später war die sogenannte Renaissance vorbei. Die Menschheit erlebte die Französische Revolution und die nachfolgenden Napoleonischen Kriege. Die Seele wurde als nicht nachweisbar geleugnet. Geistliche und Nonnen wurden ermordet.
- ❦ Mit großem Elan begann schließlich die Neuzeit – ein fabelhafter Aufschwung, der mit Erfindungen das Leben auf Erden total verändert und verbessert hat.
- ❦ Und heute stehen wir wiederum am Ende eines Zeitalters. Die Neuzeit wird abgelöst. Es beginnt ein neues Zeitalter. Und das wird wieder mit Krieg beginnen, wie das immer so war. Die Wissenschaft ist dabei, die Seele neu zu entdecken.

Zuvor – immer wenn Pluto in den Steinbock wechselt – wird der Menschheit eine neue Aufgabe angezeigt. Als er 1985 von der Waage in den Skorpion überging, erfuhren wir am selben Tag von AIDS.

Und das war doch typisch: Pluto stand schon immer für die Seuche. Übertragen wird sie über den Unterleib – der Skorpion ist das Sternzeichen der Geschlechtsorgane.

12 Jahre später, als Pluto den Schützen erreichte, versuchten Leute wie Ayatollah Khomeini die Welt ins Mittelalter zurückzuzwingen. Der Schütze ist das Sternzeichen, das für die Religion steht. Er, der aus dem Asyl in Frankreich in das damalige Persien zurückkehrte, versuchte, uns seine längst überholte religiöse Lebensweise aufzuzwingen.

2008, als Pluto in den Steinbock wechselte, hatten wir die große Bankenkrise. Der Steinbock ist für die Sicherheit zuständig. Saturn ist die Vernunft. Wir waren aufgefordert, den Kapitalismus abzuschaffen und das Geld vernünftiger zu verteilen. Geschehen ist nicht das Geringste. Geld hat rasant an Wert eingebüßt. Reich sind nicht mehr Millionäre, sondern Milliardäre. Nun, wenn Pluto 2025 in den Wassermann wechselt, wird die Chance, das Geld zu retten, vorbei sein.

Dass Nostradamus auch die heutigen Menschen eindringlich warnte, geht aus seinen Vorhersagen unmissverständlich hervor. Er sprach immer wieder von der Zahl von 500 Jahren. Diese sind inzwischen vergangen

Noch deutlicher wird er, wenn er den 30-jährigen Krieg schildert, den er selbst nicht mehr erlebte, den er aber in seinen Prophezeiungen beschreibt, als wäre er dabei gewesen. Im Vorwort zu seinen ersten 700 Prophezeiungen, die er seinem Sohn Cäsar gewidmet hat, schildert er diesen Krieg so:

Vom jetzigen Zeitpunkt an, in dem dies geschrieben wird, wird die Welt im Ablauf von 177 Jahren, drei Monaten und 11 Tagen durch Pest, lange Hungersnot und Kriege, mehr noch durch Überschwemmungen, davor und danach, mehrfach so dezimiert, es werden so wenige Menschen überleben, dass man kaum mehr einen finden wird, der sich um die Felder kümmert. Sie werden unbestellt bleiben, wie sie bestellt wurden. Nach allem, was man am sichtbaren Himmel ablesen kann, wird sich das wiederholen, wenn wir uns im 7. Jahrtausend befinden. Dann wird sich alles vollenden.

Genauso ist es ab 1618 gekommen. Die Bevölkerung in Deutschland war auf ein Drittel geschrumpft. Aus Schweden kamen ungerufen die Heere, um den Protestanten zu helfen, aus Spanien die Armeen, um den Katholiken beizustehen.

Dann springt Nostradamus in unsere Zeit. Wenn er vom 7. Jahrtausend spricht, meint er unsere Zeit. Da hat er sich an die Bibel gehalten: 4000 Jahre vor Christus, die Erschaffung der Welt. 2000 Jahre danach die Geburt von Christus. 2000 Jahre danach, das wäre unsere Zeit. Nach seiner Rechnung befinden wir uns also im 7. Jahrtausend.

Zuerst kehrt Nostradamus noch einmal zurück zum 30-jährigen Krieg:

Das Todesschwert nähert sich uns in dieser Stunde mit Seuchen und Krieg. Sie werden schrecklicher sein als zur Zeit der letzten drei Generationen. Hungersnot wird die Erde heimsuchen und oft dahin zurückkehren. Denn die Sterne stehen im Einklang zur Umwälzung, wie schon geschrieben steht: »Mit eisernen Ruten will ich ihre Ungerechtigkeiten heimsuchen und sie mit Ruten schlagen.«

Diese Ankündigung wird also auch wieder für unsere Tage gelten, die gerade beginnen. Nicht genug damit: Südfrankreich, das zuletzt schon immer stark rechtsgerichtet war und mit der französischen Zentralregierung nicht zurechtkam, will sich von Frankreich trennen und zum eigenen Staat werden. Von islamischen Herrschern gestützt und finanziert, wird es zum Krieg kommen, den Frankreich alleine nicht gewinnen kann. Die Engländer werden zu Hilfe gerufen. Doch auch ihnen gelingt es nicht, die Südfranzosen zur Vernunft zu bringen. Es entsteht ein Krieg in Europa, bei dem die Schweiz im Mittelpunkt stehen wird, weil sich die Südfranzosen in

deren Alpen verschanzen. Auch deutsche Truppen sind zum Kampf
gerufen und erleben entsetzliche Niederlagen. Das dürfte noch vor
dem Dritten Weltkrieg eine weitere Katastrophe werden. In zahlrei-
chen prophetischen Versen schildert Nostradamus zudem die Zerstörung der Natur, die zur großen Hungernot führen wird. Auch das
sollen wir nicht erst in 40 oder 50 Jahren als Katastrophe und Hungersnot erleben, sondern schon jetzt. So schildert Nostradamus in
einem seiner Werke eine Wetterkatastrophe, die uns in einem September heimsuchen wird:

> *Das Getreide wird nicht mehr ausreichen.*
> *Der Tod kommt aus einem Schneefall,*
> *weißer als weiß.*
> *Unfruchtbarkeit. Verfaultes Korn. Wasserschwall.*
> *Der Große ist verwundet.*
> *Mehrere Tote liegen zu seinen Füßen.*
>
> *(Présage 113)*

Es bilden sich also, wenn das passiert ist, Gruppen – der Prophet
nennt sie die »Roten« –, die sich nach dieser Klimakatastrophe aufmachen, die Schuldigen für ihr Versagen zur Rechenschaft zu ziehen.
Dabei ermorden sie die Regierungschefs in ganz Europa und greifen
wohl auch den Vatikan an, um alle Verantwortlichen zur Rechenschaft zu ziehen. Einer der Ersten, die danach ermordet werden, ist
der französische Präsident. Das alles wird noch geschehen, bevor der
Dritte Weltkrieg ausbrechen wird. Denn die Ermordung des französischen Präsidenten bringt in Paris den jungen Henric an die Macht,
der später den großen Krieg gewinnen wird.

Gewiss, man könnte angesichts solcher Hinweise verzweifeln, sieht
es doch so aus, als hätte das Leben in der Zukunft keinen Sinn, keine
Freude, nichts Wunderbares mehr. Doch es wird genau umgekehrt
sein, denn Nostradamus hat uns auch Folgendes versprochen: Nach
dem Dritten Weltkrieg werden unsere Enkel und Urenkel das

1000-jährige Friedensreich erleben. Seine Prophezeiungen sind ab dann überflüssig, weil nun jeder selbst in die Zukunft blicken kann, selbst heilen, alles wissen und alles können wird. Es wird keinen Krieg, keine Krankheit, keine Seuche, kein Verbrechen mehr geben. So, wie wir uns vor Jahrtausenden mit der Entfaltung des Geistes von der Tierwelt verabschiedet haben, so werden sich alle vom heutigen noch so anfälligen, verwundbaren Menschen verabschieden.

Nostradamus:
seine und unsere Zeit

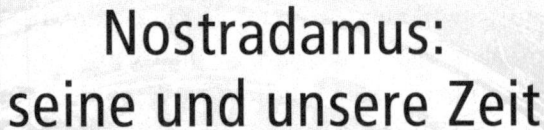

Für wen hat der Prophet Michel Nostradamus (1503–1566) eigentlich seine so umfangreichen Vorhersagen geschrieben? Auf diese Frage gibt er selbst eine klare Antwort. Sie lautet: Für uns. Für die Menschen zu Beginn des 3. Jahrtausends. Und warum? Weil er erkannte, dass seine Zeit der riesigen Umbrüche und grundlegenden Veränderungen etwas in Bewegung setzt, was heute zur Vollendung gelangen wird. Das ist seine Botschaft an uns: Ihr seid dazu berufen, den entscheidenden Schritt hin zu einer neuen, besseren Menschheit zu machen.

Selbstverständlich finden sich in seinen über tausend prophetischen Versen zahlreiche, die schon für seine Zeit wichtig waren, die die Französische Revolution, die großen Weltkriege, Revolutionen und verhängnisvolle Ideologien wie den Bolschewismus und den Nationalsozialismus, ebenso besonders schlimme Naturkatastrophen und schließlich sogar die Atombombe ankündigten.

Es entspricht den Tatsachen, dass jeder französische König, sobald er den Thron bestiegen hatte und noch bevor er die Regierung übernahm, nach Salon de Provence reiste, um am Heimatort des Propheten zu erfahren, was dieser über ihn ausgesagt hatte. So hat sich Ludwig XIV. im 17. Jahrhundert den Titel »Sonnenkönig« zugelegt, weil Nostradamus ihn so angekündigt hatte.

Doch das alles sind nur Vorbereitungen auf das, was das eigentliche Anliegen des großen Propheten war: die Zeit der großen Wende im 3. Jahrtausend.

Was soll sich wenden?

Im 16. Jahrhundert lebten so bedeutende Persönlichkeiten wie Paracelsus, die Reformatoren Martin Luther in Deutschland, Johannes Calvin in Frankreich und Huldrych Zwingli in der Schweiz, der Philosoph Erasmus von Rotterdam in Holland und Michel Nostradamus in Frankreich. Damals stand wie heute Pluto im Sternbild Steinbock. Der Planet ist erst 1930 entdeckt worden, doch Nostradamus scheint ihn gekannt zu haben wie auch den Planeten Neptun, dessen Entdeckung er vorhersagte.

Immer, wenn Pluto im Steinbock steht, verändert sich unsere Welt grundlegend. Das war damals so: Die christliche Kirche brach auseinander. Das Mittelalter war vorbei. Mit der Renaissance nach den schrecklichen Religionskriegen, also der Wiedergeburt, entwickelten die Menschen ein völlig neues Selbstwertgefühl und eine bis dahin unvorstellbare Lebensfreude. Kunst, Musik, Wissenschaft blühten auf. Eine neue Zeit war angebrochen. Zum Segen der Menschheit.

Als Pluto in den 12 Jahren vor der Französischen Revolution wieder im Sternzeichen Steinbock stand, brach erneut eine neue Zeit an: Die sogenannte Neuzeit begann. Die absolutistisch herrschenden Monarchen mussten die Alleinherrschaft an das Volk abgeben. Die Demokratien entstanden. Diesmal erlebte die Menschheit die großen wissenschaftlichen, technischen, industriellen und wirtschaftlichen Errungenschaften. Die Neuzeit war aber auch die Zeit Merkurs, der Vernunft, die neben sich nichts anderes mehr gelten ließ. Neptun wurde zwar entdeckt, doch gleichzeitig wurde die Seele, für die er zuständig ist, geleugnet, weil ihre Existenz nicht bewiesen werden konnte.

Was wird sich diesmal in unserer Welt grundlegend verändern?

Vom IS zum
islamischen Riesenreich

Was hat unsere Welt zuletzt durchgemacht, als in Syrien und im Irak von fanatischen Islamisten der Islamische Staat in Irak und Syrien, kurz IS, gegründet wurde? Niemand konnte mehr sicher sein, nicht einem brutalen Anschlag auf offener Straße oder bei Veranstaltungen zum Opfer zu fallen. Die Teufel sind keineswegs weg. Es wird noch schlimmer kommen.

⁓ ᘓ ᘒ ⁓

Die Gewissenlosen wüteten vor allem in Europa. Und sie besaßen eine magische Anziehungskraft, die viele unserer Kinder in den Orient zog, um dort jegliche Vernunft und jegliche Menschlichkeit aufzugeben. Sie riskierten, nie wieder in das christliche Abendland zurückkehren zu dürfen, hatten längst jegliche Menschenwürde verloren.

Nach der Ermordung der Anführer der IS durch US-Angriffe ist es inzwischen ruhiger geworden. Doch diese Brutalität ist keineswegs vorbei, warnt Nostradamus. Im Islam geht es jetzt darum, zur Weltmacht zu werden. Bis ins Jahr 1000 wurden Spanien, Italien und die Länder in Osteuropa vom Islam heimgesucht. Zur Zeit des Nostradamus waren sie bis nach Wien vorgedrungen. Die Stadt wurde belagert.

Wir müssen davon ausgehen, dass der Islam-Krieg in diesen Tagen vom Iran ausgehen wird. Das Land hieß bis zum Jahr 1978 Persien. Schah Reza Pahlavi hatte versucht, aus Persien einen modernen Staat aufzubauen. Die Perser sind schließlich einmal Weltmacht gewesen und sind nach wie vor ein sehr stolzes Volk, das nicht nur entscheidend mitspielen, sondern den Ton angeben möchte. Doch der Schah ist letztlich gescheitert, wie Nostradamus prophezeite:

Revolution, Hunger, Krieg haben in Persien
kein Ende genommen.
Der Glaube wird fanatisch und

verrät den Herrscher.
Sein Ende nimmt von Frankreich seinen Ausgang.
Geheimes Vorzeichen für einen Propheten.

(Centurie I/70)

Von Frankreich kehrte Ayatollah Khomeini aus dem Exil nach Persien zurück, um aus dem Land den islamischen Staat Iran zu machen und das Land ins tiefe Mittelalter zurückzuzwingen. Nostradamus muss diesen Mann gehasst haben. Noch schlimmer hätte man ihn nicht schildern können:

Er wird einziehen, hässlich, böse,
niederträchtig
und Mesopotamien terrorisieren.
Er macht alle zu Freunden der
ehebrecherischen Dame.
Über dem Land liegt das
schreckliche, schwarze Gesicht.

(Centurie VIII/70)

Genauso kam es dann auch. So gut wie jeder von uns kann sich an das Bild dieses Mannes erinnern, der die Menschheit als entartet einstufte und alles daransetzte, sie in finsterste und längst überholte Zeiten zurückzuzwingen. Bin Laden war sein »Feldherr«, der 2001 gleich drei vollbesetzte Flugzeuge in die Zwillingstürme in New York und das Pentagon steuern ließ und damit Tausende Menschen ermordete.

Mesopotamien nannte man früher das Land an Euphrat und Tigris. Nostradamus verwendet den Begriff, um anzuzeigen, dass es sich um den Iran und den Irak handelt. Er wusste, dass die USA den Irak erobern würde, was ja damals unter dem US-Präsidenten Bush auch geschah. Die ehebrecherische Dame ist für ihn der Islam.

Khomeini war auch der Mann, der im Iran die Atombombe bauen ließ. Er hat das Land 20 Jahre lang beherrscht und versucht, nicht nur den Iran, sondern die ganze Welt in Zeiten des überholten Islamismus zurückzubringen.

Zwanzig Jahre der Herrschaft
des Mondes sind vorbei,
wenn zu Beginn des 7. Jahrtausends
ein anderer die Herrschaft antritt,
wenn die Sonne ihre dunklen Tage hat.
Dann wird sich meine Prophezeiung
erfüllen und überholen.

(Centurie I/48)

Hier haben wir es wieder einmal mit dem Doppelspiel des Propheten mit dem Begriff »Mond« zu tun: Im Dezember 1999 gab es eine sehr heftige Sonnenfinsternis. Sie bedeutete für Nostradamus: In diesen Tagen wird die Herrschaft von Ayatollah Khomeini zu Ende sein – in einer Zeit, in der die Sonne, also das Christentum, größere Probleme zu bewältigen hat.

In diesen Tagen, so Nostradamus, wurde aber auch der Retter des Abendlandes, der Franzose Henric, geboren, der später den 27-jährigen Krieg gewinnen wird.

Inzwischen kämpfen Schiiten und Sunniten seit mehr als 5 Jahren im Jemen gegeneinander. Das Land ist längst eine einzige Ruine, in der die überlebenden Männer, Frauen, und Kinder verhungern oder bei neuen Bombardierungen getötet werden. Aus dem Jemen soll der schon in der Bibel genannte »Antichrist« stammen, also der islamische Herrscher, dem es gelingen wird, alle islamischen Staaten unter seine Macht zu zwingen.

Aus der Gegend des »glücklichen Arabiens«
stammt der Mächtige des islamischen Gesetzes.

Er wird Spanien heimsuchen, Granada erobern.
Noch heftiger wird er vom Meer aus das ligurische Volk
attackieren.

(Centurie V/55)

Hier ist also die Rede vom »Antichristen«, in der Bibel das »Tier, das aus dem Meer steigt«. Ihm geht es nicht nur darum, alle islamischen Staaten unter seiner Macht zu vereinen. Er will die Welt beherrschen. Er wird zunächst in Spanien einmarschieren. Nostradamus kannte sogar sein Horoskop:

Von den drei Wasserzeichen geprägt
wird jener geboren, der den
Donnerstag zu seinem Sonntag erhebt.
Sein Lärm, sein Ruhm, sein Reich, seine Machtfülle
wachsen über Land und Meer
zum Orkan im Orient.

(Centurie I/51)

Der Antichrist hat also alle Gestirne im Krebs, im Skorpion und in den Fischen. Er bleibt nicht einfach Muslim, sondern gründet eine neue Religion, die aus dem Sonntag der Christen, dem Freitag des Islam, dem Sabbat der Juden den Donnerstag (Jupitertag) zu seinem Ruhetag machen wird. Und noch eine Schilderung dieses Mannes:

Gewählt wird der Fuchs, der große Schweiger.
Nach außen hin ein Heiliger,
der von Gerstenbrot lebt.
Doch dann plötzlich gebärdet
er sich als Tyrann
Und setzt seinen Fuß auf den
Hals der Mächtigen.

(Centurie VIII/41)

Das muss also ein Typ sein, wie es Bin Laden seinerzeit gewesen ist. Fast unscheinbar im Auftreten, aber resolut im Handeln. Nostradamus schildert ihn noch einmal:

> *Der dritte Antichrist wird*
> *recht bald drei (Länder) überfallen.*
> *27 blutige Jahre wird sein Krieg dauern.*
> *Wer nicht mitmacht, wird getötet,*
> *gefangen, ins Exil geschickt.*
> *Das Blut menschlicher Körper*
> *rötet das Wasser. Auf der Erde*
> *geht Hagel nieder.*
>
> *(Centurie VIII/77)*

Nach der Vorstellung des Nostradamus war Napoleon der erste und Hitler der zweite Antichrist. So, wie das beschrieben wird, kommt dieser dritte Mann aus dem Land der Königin von Saba. Nach altjüdischer und urchristlicher Vorstellung geht der Antichrist dem Erscheinen des Messias voraus.

Wenn wir versuchen, uns das vorzustellen, dürfen wir uns nicht auf Länder wie Iran, Irak oder Saudi-Arabien beschränken. Dazu gehören auch Afghanistan und Pakistan. Das Brisante dabei: Pakistan verfügt über die Atombombe, und der Iran dürfte sie inzwischen ebenfalls einsatzbereit haben.

Die USA sind mittlerweile müde geworden, in Afghanistan endlos zu versuchen, einen Frieden zu schaffen. Sie haben zu Beginn des Jahres 2020 mit Al Qaida einen mehr als fragwürdigen Vertrag abgeschlossen, damit sie die dort zurückgelassenen Truppen endlich heimholen können – gerade jetzt, da sie dringend benötigt würden. Doch was wird daraus werden?

Ausgelöst durch die Gegensätze
in den Gegenden um Babylon
entstehen ein großes Blutvergießen,
Unheil zu Land, im Meer,
in der Luft und am Himmel.
Hunger, Herrschaften, Seuchen,
Durcheinander.

(Centurie I/55)

Hier spricht Nostradamus nicht vom Dritten Weltkrieg, sondern vom Antichristen, der im Orient und im Golf von Persien zuvor den gesamten Islam unter seine Macht zwingen wird. Die Situation zwischen Schiiten und Sunniten ist nicht zuletzt deshalb so brisant geworden, weil Saudi-Arabien seine ganze Existenz neu strukturieren muss. Das Öl geht zur Neige. Etwas anderes hat dieses so reiche Land nicht anzubieten. Nun hat der schon recht alte König der Saudis einen sehr kriegerischen Enkel, der die Herrschaft in Saudi-Arabien mehr und mehr in seine Hand nimmt. Er ist es, der den Krieg im Jemen gegen die Erzfeinde der Schiiten begonnen hat. Er kennt keine Menschlichkeit. Auf seinen Befehl hin ist 2019 auch der Journalist Jamal Khashoggi auf scheußlichste Weise ermordet worden, als er in der saudischen Botschaft in der Türkei einen neuen Pass abholen wollte.

Gleißendes Feuer sieht man am Abendhimmel,
bei der Mündung und bei der Quelle der Rhone.
Hunger und Schwert. Zu spät
Kommt die vorgesehene Hilfe.
Persien setzt sich in Marsch, in
Mazedonien einzufallen.

(Centurie II/96)

Ein Feuer wird hier beschrieben, so riesengroß, dass man es gleichzeitig am Furkapass und bei Marseille sehen wird. Das kann keine Brandkatastrophe oder ein Geschützfeuer sein. Hier geht es um eine nukleare Katastrophe: Vom Iran aus wird der Balkan angegriffen. Das ist dann der Dritte Weltkrieg.

Israel: Es kommt der zweite Holocaust

Zu der Zeit, als Michel Nostradamus lebte, hatten die Muslime den gesamten Osten Europas erobert und belagerten die Stadt Wien. Das war in der Geschichte ihr zweiter Versuch, den Islam auf die ganze Welt zu verbreiten. Stehen wir jetzt vor dem dritten Versuch?

Die Gründung des Staates Israel nach dem Zweiten Weltkrieg im Jahr 1948 mitten zwischen muslimischen Staaten war für den Islam die ganz große Provokation. Israel hat den ersten Krieg, der schon am Tag der Reichsgründung begann, gewonnen. Die USA haben dann dem Land als Schutzmacht eine gewisse Sicherheit geboten. Doch damit war noch keineswegs Frieden in dieser Region geboten.

Macht und Gesetz gedeihen
unter Venus.
Saturn wird von Jupiter beherrscht.
Das Gesetz und die Herrschaft werden
durch die Sonne angehoben.
Die Saturn-Kinder müssen weiterhin
Mit dem Schlimmsten rechnen.

(Centurie V/24)

Das sind keine Zeitangaben, sondern Aussagen über die Völker in unseren Tagen: Venus ist der Planet des Islam. Dieser ist also dabei, das Leben der Menschheit dramatisch zu verändern und die Führungsrolle auf Erden zu übernehmen.

Die Juden galten immer schon als das von Saturn geprägte Volk. Es lebt über die ganze Welt verteilt, hat nach dem Zweiten Weltkrieg wieder sein ehemaliges Land Israel, rund umgeben von islamischen Staaten, zurückbekommen. Ohne den Rückhalt in den USA, die dem

Glücksplaneten Jupiter zugeordnet sind, hätte es nie eine Überlebenschance gehabt.

Die Sonne ist das Symbol der Christen. Die Christen haben noch weithin das Sagen. Die Juden müssen aber weiterhin das Schlimmste befürchten. Im winzigen Gaza-Streifen leben die verdrängten Palästinenser auf engstem Raum und in tiefster Not: 1,7 Millionen Menschen, die Hälfte davon Kinder, eng zusammengepfercht! Menschenunwürdig. Doch sie haben hinter sich den Iran, der ihnen immer wieder Raketen liefert, sodass der Krieg täglich neu entfacht wird.

Beide, die Juden und die Muslime, sehen in Abraham ihren Urvater und besuchen seine Grabstätte in Israel. Es kann zwischen den Juden und dem Islam aber keinen Frieden geben. Denn die Muslime sind die Nachkommen einer Magd Abrahams, die von ihm weggeschickt wurde, als seine Frau dann doch noch ein Kind erwartete. Die Juden sehen sich also als die echten Nachkommen Abrahams.

Die Israelis verfügen über Atomwaffen, der Iran arbeitet noch daran, dürfte sie aber inzwischen auch einsatzfähig haben.

Wenn es also darum geht, innerhalb des Islam Ordnung zu schaffen, wird es zuerst um die Beseitigung des Staates Israel gehen. In diesem Zusammenhang spricht Nostradamus von einem zweiten Holocaust. Noch schlimmer hätte er das Schicksal der Juden nicht beschreiben können. Den ersten Holocaust erlebten die Juden mit der Ermordung von Millionen Juden in deutschen Konzentrationslagern. Das hat er auch in prophetischen Versen geschildert. Doch dann schrieb er:

Die sterile, unfruchtbare Synagoge
wird unter den Ungläubigen Heimat finden.
Von Babylon werden der Tochter der Verfolgung,
die erbarmungswürdig und traurig ist,
die Flügel gestutzt werden.

(Centurie VIII/96)

Zunächst muss man bestätigen, dass Nostradamus auch von der Rückkehr der Juden nach Israel wusste. Doch dann sah er für das jüdische Volk dort kein friedliches Auskommen. In seinem Vorwort an König Heinrich II. prophezeite er: Israel wird mit Atomwaffen angegriffen werden:

Der Ort, der einst von Abraham bewohnt wurde, wird erstürmt von Anhängern der Jovialisten. Die Stadt Achem (Sichem) wird eingeschlossen und von allen Seiten von mächtigen Truppenverbänden bestürmt. Ihre Seestreitkräfte werden von den Westmächten geschwächt. Über dieses Reich kommt die große Verwüstung. Die größten Städte werden entvölkert. Wer versucht, sie zu betreten, wird von der Rache und vom Zorn Gottes gepackt. Und das Grab der großen Verehrung wird lange Zeit offen unter dem unbegrenzten Blick der Augen des Himmels, der Sonne und des Mondes liegen. Der heilige Ort wird in einen Stall für Groß- und Kleinvieh verwandelt.

Der Krieg wird also ausgehen vom Irak. Abraham lebte, bevor er nach Israel auswanderte, dort in Sichem. Der Irak wurde zunächst von den Amerikanern erobert. Nun wird der Westen zwar versuchen, einzugreifen, um den Überfall der islamischen Truppen auf Israel zu verhindern. Dabei kann er aber lediglich die Kriegsmarine schwächen. Dass es sich bei diesen Prophezeiungen wirklich um den Atomangriff auf Israel handelt, ist eindeutig durch die Schilderung der Zerstörung des Grabes von Abraham und den Hinweis, dass die heiligen Stätten in Jerusalem als Viehställe geschändet werden. Das also wäre dann der zweite Holocaust.

Das ist im Augenblick die eigentliche Bedrohung des Weltfriedens überhaupt. Wenn einem Vogel die Flügel gestutzt werden, kann er nicht mehr fliegen. Das müsste dann bedeuten, dass Israel seine Souveränität verliert, die Juden vielleicht sogar Israel wieder verlassen müssen. Das Land, das seit Jahren daran arbeitet, ist der Iran. Vom Horoskop her ist der Iran kein aggressives, aber ein sehr stolzes Land, einstmals eine Weltmacht. Es kann nicht ertragen, dass andere über Waffen verfügen dürfen, die für die Perser verboten sind. Nostradamus warnte Israel in einem weiteren Vers:

Die Kinder der Sonne können das Meer nicht mehr
sicher überqueren.
Die Kinder der Venus beherrschen ganz Afrika.
Seine Herrschaft wird Saturn nicht mehr besitzen.
Auch wird sich der asiatische Teil verändern.

(Centurie V/11)

Noch einmal das Spiel mit der Prägung der Menschheit: Die Kinder der Sonne sind die Christen, die nicht mehr sicher durch die Ozeane schiffen können. Die Kinder der Venus, die Muslime, haben ganz Afrika unter ihre Macht gebracht. Saturn, also die Juden, werden nicht mehr souverän ihr Land verwalten können.

Der Dritte Weltkrieg

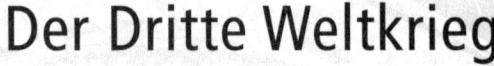

Es kann keinen Zweifel mehr geben: Wir werden den Dritten Weltkrieg nicht verhindern können. Dafür ist es längst zu spät. Der unvorstellbar grauenvolle, 27 Jahre dauernde Krieg wird kommen. Er wird die Bevölkerung der Erde auf ein Drittel reduzieren, mit radioaktiver Verstrahlung weltweit, unter Einsatz von Giften und Gasen. Das wird weit schlimmer werden als alles, was die Menschheit je erlebte. Wir können uns das heute noch gar nicht vorstellen. Dies hat mehrere Gründe:

Erstens werden die modernsten Waffen zum Einsatz kommen, nicht zuletzt Granaten und Bomben mit nuklearer Sprengkraft, und in der Folge wird die Welt verseucht und verstrahlt. Zweitens werden Naturkatastrophen schlimmste Folgen nach sich ziehen und eine weltweite grauenvolle Hungersnot auslösen. Drittens wird auch noch die Natur entgleisen. Es wird nichts mehr geben, womit man den Hunger noch stillen könnte. Gemessen an dem, was wir im Zweiten Weltkrieg erleben mussten, wird das, was jetzt auf uns zukommt, eine Kleinigkeit gewesen sein.

Dieser Weltkrieg entsteht nicht aus dem Nichts. Es sind auch nicht die großen, hochgerüsteten Länder Russland oder Amerika, die ihn auslösen werden. Er folgt unmittelbar dem Krieg im Islam und bricht aus, wenn es dem einen Tyrannen dort, dem »Antichristen«, gelungen sein wird, alle muslimischen Staaten unter seine Macht zu zwingen. Wenn es dann das »Arabische Imperium« geben wird, was in wenigen Jahren schon der Fall sein wird, dann wird der Islam über Europa herfallen.

Ausgelöst vom gegensätzlichen
babylonische Klima,
kommt das große Blutvergießen,
ebenso, auf der Erde, wie im Meer,

> *in der Luft und am Himmel:*
> *Sekten, Hunger, Regen, Pest,*
> *Konfusion.*
>
> *(Centurie I/55)*

Nostradamus zählt die Ursachen auf, die letztlich den großen Krieg auslösen werden. Und er nennt die Folgen, die er mit sich bringen wird: Es geht in erster Linie um einen Glaubenskrieg. Der Islam soll zur einzigen Religion in dieser Welt werden. Wer sich zu ihm bekennt, trägt das Zeichen des Islam auf seiner Stirn. Wer sich weigert, wird umgebracht.

Der Angriff auf den Vatikan

Wann soll dieser Krieg beginnen? Nostradamus hat uns hinterlassen:

> *Der arabische Machthaber*
> *wird dann, wenn Mars, Sonne,*
> *Venus im Zeichen Löwe stehen,*
> *die Regierung der Kirche über*
> *das Meer hinweg überwinden.*
> *Bei Persien steht gut eine Million*
> *bereit, mit Schlangen und Würmern*
> *über Byzanz und Ägypten herzufallen.*
>
> *(Centurie V/25)*

Das ist also das Vorzeichen des Weltkrieges. Der Prophet schildert seinen Ausgangspunkt so: Persien, der Iran, wird den Islamkrieg gewonnen haben. Byzanz, in christlichen Zeiten Konstantinopel, heute Istanbul, steht für die Türkei. Dieses Land und Ägypten sind also die letzten beiden vom Islam geprägten Länder, die sich bis dahin nicht zum »Gottesstaat« zwingen ließen. Der Angriff auf Europa erfolgt über die Türkei und Griechenland im Osten, ausgehend von Ägypten nach Italien und über Marokko nach Spanien im Westen.

Was wird der »Antichrist« gleich zu Beginn des Krieges der Kirche über das Meer hinweg antun? Die drei Gestirne Mars, Venus und die Sonne treffen sich immer wieder im Sternzeichen Löwe. Diese an sich geradezu harmlose Konstellation muss sich auf den Islam besonders heftig auswirken. Denn immer, wenn sie gegeben war, gab es dort großen Ärger. Diese Konstellation wird im Jahr 2030, also schon in gut 9 Jahren, erneut existieren: vom 27. Juli bis zum 5. August. Dann wird der Diktator im oder beim Iran ein Heer von einer Million Soldaten aufgestellt haben, um über Europa herzufallen. Bis kurz zuvor dürfte der Krieg im Islam dauern, der schon im August 2020 vom Iran aus mit der Bombardierung der saudischen Ölquellen begonnen hat. Damals standen wieder einmal die drei Gestirne im Löwen.

Dann also wird das Islamische Großreich so weit aufgerüstet haben, dass der Antichrist den uralten Wunsch der Araber, die Welt zu erobern und zum Islam zu zwingen, beginnen wird. Der Angriff auf den Vatikan wäre damit das große Signal, das den Krieg ankündigt und zugleich anzeigt, worum es gehen wird: Es wird der große Religionskrieg kommen, in dem die Muslime die ganze Welt zum Islam zwingen wollen. Was der Iran dem Vatikan antun wird, bleibt bis dahin das große Rätsel. Es könnte eine Bombe auf den Vatikan sein, vielleicht auch ein Überfall, oder die Ermordung eines Kardinals. Einen Papst dürfte es ja zu diesem Zeitpunkt nicht mehr geben, denn der letzte wäre dann ja entführt worden.

Kriegsbeginn Oktober 2035

In aller Regel brechen große Kriege aus, wenn Saturn und Pluto sich in heftiger Spannung bekriegen. Die beiden Planeten haben sich im Januar 2020 im Steinbock getroffen und die Corona-Pandemie ausgelöst, genauso wie zu Zeiten des Nostradamus die Pest. Wir werden die Spannung der beiden Planeten im Juni 2028, im Oktober 2035 und im November 2044 wieder erleben.

Ab 2025 wird Pluto im Wassermann stehen, dann wird die Neuzeit zu Ende sein. Und immer hat es nach dem Wechsel Plutos vom Steinbock in den Wassermann einen Krieg gegeben. Wir können das bis zu Cäsar zurückverfolgen. Der Übergang von einem Zeitalter in das nächste ist noch nie ohne einen heftigen Krieg gelungen. Wir stehen wieder unmittelbar vor einem Krieg.

Der Angriff auf den Vatikan wird also dem Krieg vorhergehen und im August 2030 stattfinden. Der Dritte Weltkrieg müsste demnach 2035 ausbrechen. Das wird kein Krieg, in dem eine Seite rasche Erfolge verbuchen könnte. Zunächst wird der Islam in der Türkei, in Italien und in Spanien rasch vorankommen. Doch dann wird er zurückgeschlagen. Eine Stadt wie Mailand wird endlos belagert.

Die Belagerung von Mailand
wird sieben Jahre lang dauern
und den Zugang zur Stadt unzugänglich machen.
Dann wird der sehr große König einziehen.
Und die Stadt wird frei sein
von seinen Feinden.

(Centurie VII/15)

Man darf sich nicht vorstellen, dass sich wie einst im Mittelalter mächtige Truppen rund um die Stadt versammeln, sodass ein Zugang zur Stadt unmöglich geworden ist. Es dürfte bei Mailand heftig hin- und hergehen. Bis es schließlich Chiren, dem Chef der christlichen Truppen, gelingen wird, die Stadt zurückzuerobern, um nach 7 Jahren Krieg für immer von den islamischen Truppen befreit zu sein. Der Krieg beginnt mit der Bombardierung und dem Beschuss der griechischen, italienischen und spanischen Streitkräfte aus dem Osten.

Die Götter offenbaren den Menschen,
dass sie die Anstifter des großen Konfliktes sind.
Wenn am wolkenlosen Himmel Lanzen
und Speere gesehen werden,
wird es nach links hin zum größten Konflikt
kommen.

(Centurie 1/91)

Dieser Vers verrät die Fassungslosigkeit des Propheten. Er sieht etwas, das er sich überhaupt nicht erklären kann. Der Himmel ist seiner Vorstellung nach die Ewigkeit. Wenn sich da, hoch über den Wolken, etwas bewegt, kann es nur von Gott oder den Engeln stammen. Damit muss er davon ausgehen, dass Gott selbst der Urheber des Konfliktes sein muss. Bei den Lanzen und Speeren handelt es sich um Raketen und um Kriegsflugzeuge. Sie fliegen von Ost nach West. Das ist der Angriff des Islam auf Europa.

Wohl auch Amerika

Es gibt zwei Nostradamus-Verse, die den Untergang von New York schildern: Es wird dort zwei Atombombeneinschläge geben. Der erste wird nördlich von New York die riesige Flamme auslösen, der zweite wird mitten auf die Stadt New York treffen. Das könnte das Eingreifen von Russland gleich zu Beginn des Krieges in die Auseinandersetzung sein: Das Land verfügt derzeit über die perfekte Kriegsausrüstung. Die Russen dürften zumindest zu Beginn des Krieges auf der Seite des Islam stehen. Wenn man in Europa einen Krieg gewinnen will, muss man zuerst die Amerikaner ausschalten. Das weiß auch der »Antichrist«. So oder so: Nostradamus schildert den Atombombenangriff auf New York in zwei Versen:

Beim 45. Breitengrad wird der Himmel brennen.
Das Feuer nähert sich der großen neuen Stadt.
Plötzlich springt eine riesige himmelhohe
Flamme hoch,
wenn man die Normannen
auf die Probe stellt.

(Centurie VI/97)

Unwillkürlich denkt man zunächst an eine Naturkatastrophe, etwa an die Folgen eines schweren Erdbebens oder eines Vulkanausbruchs. Und genau das wollte Nostradamus auch darstellen. Doch er lässt keinen Zweifel daran aufkommen: Diese Katastrophe ist von Menschenhand ausgelöst. Man will wissen, wie die Amerikaner darauf reagieren. Er nennt sie in diesem Fall die Normannen, weil er auch wusste, dass nicht Kolumbus als Erster Amerika entdeckt hat, sondern der Normanne Leif Eriksson von Grönland, schon Jahrhunderte vor ihm. Im zweiten Vers zum gleichen Ereignis wird der Prophet noch deutlicher. Aus dem Bombenangriff wird die fürchterliche Naturkatastrophe werden, die keinen Stein auf dem anderen lässt:

Erdbebenglut aus der Mitte
der Erde lässt
die Umgebung der neuen Stadt
erzittern.
Zwei Blöcke führen
einen langen Krieg.
Dann wird Arethusa einen
Neuen Fluß rot färben.

(Centurie I/87)

Es ist längst bekannt (und für viele Bewohner von New York wurde es zum großen Trauma): Die Riesenstadt liegt auf einer sehr kritischen, lockeren Erdspalte, die jederzeit aufbrechen kann. Die Bombe wird das tun. Dann schießt wirklich das Feuer aus der Erdmitte in die Höhe. New York wird total vernichtet werden. Die Trümmer der Stadt werden Millionen Menschen unter sich begraben. Es entsteht sogar ein neuer Fluss, der vom Blut der Getöteten rot gefärbt wird. Ist also wirklich die Stadt New York gemeint? Sie hat das Wort neu (new) in ihrem Namen und ist wirklich eine große Stadt.

Der Prophet selbst gibt in diesem Vers noch einen Hinweis mit dem Wort »Arethusa«. Wer im Mittelalter von einem Vulkan sprach, der dachte an den Vesuv bei Neapel oder an den Ätna auf Sizilien. Eine sizilianische Nymphe, die sich bei diesen Vulkanen aufhielt, hieß Arethusa. Sie steht in diesem Vers also für den feurigen Fluss der Lavamassen, die aus der Tiefe des Meeres hervorbrechen. Das Wort dient dem Propheten aber auch als Hinweis darauf, wo die Katastrophe stattfinden wird. Zerlegt man das Wort in zwei Teile, dann entsteht Areth, das ist im Hebräischen die Erde, und es bleibt USA, die Kurzformel für die Vereinigten Staaten von Amerika. Tatsache wird sein, dass Amerika sich wohl nicht maßgeblich in den Dritten Weltkrieg einmischen wird. Wir erfahren nur gelegentlich vom Einsatz seiner Kriegsflotte, mehr nicht. Es könnte ja sein, dass die Amerikaner sich weigern, Truppen in das radioaktiv verseuchte Europa zu schicken.

Chiren, der Gewinner des Krieges

Wenn Nostradamus von diesem Mann spricht, gerät er ins Schwärmen. Er hat ihn angekündigt wie einen neuen Messias, den jungen Franzosen, der zum Herrscher über Europa, zum Gewinner des 27-jährigen Krieges, zum Retter der katholischen Kirche werden wird. Nostradamus dürfte die Buchstaben seines Namens vertauscht haben. Dann wäre es wohl ein Heinrich oder Henric.

Es ist aus heutiger Sicht nicht vorstellbar, dass in einem neuen Weltkrieg nicht die hochgerüsteten Länder Amerika, Russland und

China ihre Macht ausspielen sollten. Doch Nostradamus erwähnt diese Länder, wenn überhaupt, nur am Rande. Er stellt uns einen sehr jungen Franzosen vor, der letztlich die Führungsrolle über die ganze Welt übernehmen wird.

Es wird hier nachfolgend darüber berichtet, dass es nach dem Niederschlag von giftigem Schnee im September zur Vernichtung der gesamten Ernte und zum weltweiten Hunger kommen wird. Es wird auch die Rede davon sein, dass sich die »Roten«, eine radikale Bande, aufmachen werden, die Schuldigen an der großen Hungerkatastrophe zur Rechenschaft zu ziehen. Sie sollen dafür büßen, dass sie nichts gegen die Zerstörung der Natur unternommen haben. Als einer der Ersten wird in Paris der französische Regierungschef ermordet. An seine Stelle wird ein junger Mann gewählt, der nach Nostradamus im August 1999, dem Tag der großen Sonnenfinsternis, geboren wurde. In Europa herrscht Hunger. Im Islam tobt noch der Krieg. Die Welt steht vor dem neuen Weltkrieg. Der besagte junge Mann sieht sich einer geradezu unlösbaren Aufgabe gegenüber. Doch beherzt nimmt er sie an, und er schafft es dann auch – nicht auf Anhieb. Aber nach schier endlosen Bemühungen und harten Niederlagen. Er wird nicht nur den Weltfrieden wiederherstellen, sondern auch die Welt beherrschen. Außerdem wird er nicht als Papst, aber doch als Oberhaupt der katholischen Kirche den Vatikan retten. Dieser Mann wird von Nostradamus wie folgt angekündigt:

Im Jahr 1999, im siebten Monat
kommt vom Himmel ein Schreckenskönig.
Er wird den großen Herrscher von Angoulême
hervorbringen.
Vor und nach dem Krieg wird er zu guter Stunde
regieren.

(Centurie X/72)

Die Berechnung der Sonnenfinsternis erfolgte noch nach dem julianischen Kalender. Stattgefunden hat sie nach dem heutigen Kalender am 11. August 1999. An diesem Tag also, so Nostradamus, wurde Chiren in Angoulême, in Westfrankreich, geboren. Vom Sternzeichen her also ein Löwe. »Schreckenskönig« war im Mittelalter der Begriff für eine Sonnenfinsternis, von der man immer schon Unheil befürchtete. Die Astrologen hatten durch die Jahrtausende vor allem die Pflicht, sie zu berechnen und Könige und Kaiser rechtzeitig zu warnen, weil diese sich vor einer Sonnenfinsternis fürchteten. Sie könnte besondere Probleme oder gar das Ende ihrer Regierungszeit auslösen.

Chiren wäre demnach heute also erst etwa 20 Jahre alt. Angoulême ist eine alte Königsstadt in Westfrankreich, in der Chiren geboren werden sollte. Nostradamus nennt diese Stadt als Hinweis darauf, dass Chiren dem uralten Geschlecht der Bourbonen entstammt. Und diese wiederum sollen nach uralter Sage die letzten Trojaner gewesen sein, die nach der List des Odysseus mit seinem Trojanischen Pferd nach Frankreich fliehen konnten. Mit dem »deutschen Herzen« will der Prophet wohl seine Standfestigkeit und Tapferkeit hervorheben. Vielleicht wollte er damit auch andeuten, dass Chiren deutsches Blut besaß. Also noch einmal:

Geboren aus trojanischem Blut
mit einem deutschen Herzen,
ist der, der zu hoher Macht gelangen wird.
Er wird das fremde arabische Volk davonjagen
Und der Kirche die frühere, hervorragende Rolle
zurückgeben.

(Centurie V/74)

Nostradamus war Patriot und Royalist. Er konnte sich unter einer starken Führung nur einen König vorstellen. Keinen hat er in seinen Prophezeiungen mehr beschimpft als den »Hochkömmling« Napoleon, der sich selbst zum König salben lässt. Der Krieg vor seiner Zeit müsste also wohl der Krieg im Islam gewesen sein, der bevorstehende Dritte Weltkrieg, den er gegen das Islamische Imperium führen muss.

Der plötzliche Tod der ranghöchsten Person
bringt die Wende und hebt eine andere
an die Macht:
Bald und doch sehr spät kommt er
so hoch in so jungen Jahren.
Zu Land und auf dem Meer wird er bewirken,
dass man ihn fürchtet.

(Centurie IV/14)

Bald, also noch in sehr jungen Jahren, wird er an die Macht kommen. Fast schon zu spät, weil die Situation inzwischen kaum mehr zu retten sein kann. Nostradamus wird mit seinen Zeitangaben noch einmal deutlicher und erklärt, wie es zu dieser Riesenkatastrophe kommen konnte:

Zwanzig Jahre der Herrschaft
des Mondes sind vorbei,
wenn zu Beginn des 7. Jahrtausends
ein anderer die Herrschaft antritt.
Wenn die Sonne ihre dunklen Tage hat.
Dann wird sich meine Prophezeiung
erfüllen und überholt werden.

(Centurie I/48)

Mit der »Herrschaft des Mondes« meint Nostradamus das Aufblühen des Islam in seiner härtesten Form durch Ayatollah Khomeini. 1979, 20 Jahre später, wurde also bei der Sonnenfinsternis Chiren in Frankreich geboren, der junge Mann, der die große Wende bringen wird. Das 7. Jahrtausend ist nach der Zeitrechnung seiner Zeit nun unsere

Zeit, da man damals noch davon ausging, dass die Erde 4000 Jahre vor Christus entstand. Rechnet man die 2000 Jahre seit Christus hinzu, befinden wir uns heute also im 7. Jahrtausend.

Insgesamt widmete Nostradamus diesem Chiren rund 50 prophetische Verse. Unter anderem kündigt er auch an, dass Chiren nicht nur Europa zu einem Staat machen wird, den er regiert, der aber nach seinem Tod wieder in Einzelländer zerfallen wird. Er weiß auch, dass Chiren die Regierung der katholischen Kirche übernehmen wird, weil nach dem Überfall der »Roten« auf den Vatikan der Papst entführt wird, also kein neuer Papst gewählt werden kann. Niemand weiß ja, ob der entführte Papst noch irgendwo lebt.

Um die große, verwirrte Mütze
wegzuschaffen,
um ein Flammenzeichen zu setzen,
marschieren die Roten los.
Die Familie wird nahezu gänzlich
niedergestreckt.
Die Roten röten im Morden die Roten.

(Centurie VIII/19)

Die Familie ist die päpstliche Familie. Die Kardinäle hat man früher gerne als die Roten bezeichnet. Hier handelt es sich also offensichtlich um einen blutigen Überfall auf den Vatikan, bei dem alle Kardinäle ermordet werden. Der Papst muss zusehen und wird dann blutbefleckt entführt. Er taucht auch nicht wieder auf. Es hat sich das Gerücht verbreitet, er sei in eine Weltraumstation hochgeschossen worden. Chiren wird gegen den »Antichristen« alles aufbieten müssen, was möglich ist, um Europa vom Islam wieder befreien zu können. An seiner Seite kämpfen die Europäer, wohl auch die Engländer.

Wenn Nostradamus vom Krieg mit Schlangen und Würmern spricht, will er damit an die Prophezeiungen in der Bibel erinnern, die diesen

Krieg auf ähnliche Weise angekündigt hat. Auch damals wollte man schon darauf hinweisen, dass dieser Krieg nicht nur mit Panzern, Kriegsschiffen, Bombern und riesigen Armeen, sondern auch mit chemischen (Schlangen) und biologischen (Würmern) Waffen geführt wird. Im Dritten Weltkrieg werden aber vor allem auch atomare Granaten und Bomben eingesetzt werden.

Wir erinnern uns, dass der Staatschef in Syrien schon Giftgas und dergleichen mehr eingesetzt hat. In diesem Krieg gibt es keine Verbote mehr.

Kurz vor dem Angriff auf die Türkei wird ein Terroranschlag auf den Vatikan erfolgen. Dann also wird der Krieg begonnen haben. Wie es dabei zugeht, das schildert Nostradamus so:

Im Hafen von Agde laufen drei
Schiffe ein.
Sie bringen die Ansteckung,
Unglauben und Seuche.
Über die Brücke entkommen
eine Million.
Die Brücke stürzt ein bei der
dritten Gegenwehr.

(Centurie VIII/21)

Damit macht Nostradamus deutlich, dass dieser Krieg deshalb so brutal sein wird, weil er nicht nur die Christen zum Islam zwingen soll. Er wird auch Krankheiten, ja die große Seuche mitbringen. Wir wissen inzwischen, dass dann noch der entsetzliche Hunger dazukommen wird. Anfänglich wird der Islam auch größere Erfolge verzeichnen und in Griechenland, Spanien, Italien gut vorankommen können:

Der Siegesjubel des großen
Halbmondes

Lässt die Römer nach dem
Adler rufen.
Das Tessin, Mailand und Genua
sind damit nicht einverstanden.
Sie rufen selbst einen großen
König aus.

(Centurie VI/78)

Die Truppen des Antichristen marschieren also über die Türkei, Griechenland und Italien und Spanien nach Norden und dürften dabei zunächst nicht auf den ganz großen Widerstand stoßen. Rom ruft Deutschland um Hilfe, drei andere Städte sind aber dagegen. Ihr eigener König soll die Lage klären.

Der »Krausbart« in Italien

In Italien gibt es zu dieser Zeit einen Diktator, den Nostradamus als den »Herrscher mit dem künstlich gewellten schwarzen Bart« nennt. Er schildert ihn in vielen Einzelheiten: Er stammt aus Siena und ist überaus eitel, selbstgefällig, aber auch brutal. Er lässt sich seinen schwarzen Bart mit Dauerwellen lockig machen. Zuerst schafft er Ordnung im Land, indem er die Araber zurückdrängt:

Der mit dem künstlich gewellten
schwarzen Bart
wird das grausame und stolze
Volk unterwerfen.
Der große Chiren wird aus der Ferne
alle vom Mondbanner
Gefangenen befreien.

(Centurie II/79)

Der Tyrann wird also zunächst die Italiener unterwerfen, während Chiren dafür sorgt, dass vom Islam gefangene Soldaten befreit werden. Dann kommt es aber zum Kampf des Tyrannen gegen Chiren. Nostradamus warnt die Franzosen, nicht nach Italien zu marschieren:

Ihr Leute aus der Gegend von
Tarn, der Lot und der Garonne:
Hütet euch, die Apenninen
zu überqueren.
Eure Gräber werden bei Rom
und bei Ancona liegen.
Der schwarze Krausbart wird dort
Seine Siegesfahnen aufstellen.

(Centurie III/43)

Mit der Aufzählung der drei Flüsse in Südfrankreich nennt Nostradamus die Heimat der Franzosen, die in Italien den Kampf gegen den schwarzen Krausbart verlieren werden. Völlig unverständlich, wie es mitten im Krieg gegen den eingedrungenen Islam zu einem Gefecht zwischen zwei christlichen Truppen kommen kann. Doch man darf davon ausgehen, dass der italienische Diktator die führende Position des Chiren über alle christlichen Truppen übernehmen möchte. Dieser italienische Machthaber muss ein sonderlicher Mann gewesen sein. Er zwingt den Italienern eine neue Religion auf. Wer betet, muss dabei versuchen, sich in einer sogenannten Levitation vom Boden abzuheben und in der Luft zu schweben. Das schildert Nostradamus so:

Ohne Ende sind emporgehobene
Körper sichtbar.
Es gibt die Entrücktheit durch
Gedankenkräfte.

Die Körper werden als Hülle
verstanden, Chefs sind die
unsichtbaren Sinne. Sie vermindern
die heilige Andacht.

(Centurie IV/25)

Das kommt einem doch sehr bekannt vor: Schon längst versuchen indische Gurus, ihre Anhänger mithilfe der Transzendentalen Meditation dahin zu bringen, dass die Schwerkraft des Körpers durch die Kraft des Geistes aufgehoben wird. Asiatische Meditation, fernöstliche Glaubensvorstellungen und Yoga, so fürchtet Nostradamus, werden den christlichen Glauben mehr und mehr verdrängen, die Frömmigkeit verderben. Der italienische Machthaber wird nicht weit damit kommen. Sein Volk wird ihn ermorden. In Rom herrscht das Chaos:

Die Erschütterung der Sinne,
Herzen, Füße und Hände
Ist gleichermaßen in Neapel, Lyon, Sizilien:
Schwert, Feuer, Wasser, Gewalt
gegen die Edlen Roms.
Sie werden ertränkt, ermordet,
sterben durch den Schwachsinnigen.

(Centurie 1/11)

Man spürt, dass Nostradamus die Worte ausgehen, wenn er versucht, das, was er für unsere Tage sieht, verschlüsselt und doch deutlich zu schildern. Vieles ist für den Propheten, der doch vor 500 Jahren gelebt hat, einfach unvorstellbar. Zu viel Entsetzliches, aber auch Seltsames wird dieser Krieg mit sich bringen.

Die nukleare Verseuchung Europas

Der Antichrist ist inzwischen schon weit im Balkan, in Italien und in Spanien vorangekommen. Die Inseln im Mittelmeer sind zerstört:

Neapel, Palermo und ganz Sizilien
werden durch die barbarische Hand
entvölkert. Ebenso ergeht
es Korsika, Salerno und Sardinien.
Sie werden von der Seuche und
vom Krieg bis zum bitteren Ende hin
heimgesucht.

(Centurie VIII/6)

Der Mittelpunkt des Krieges wird also das Mittelmeer sein und bis zum Ende bleiben. Nun muss Chiren zuschlagen:

Wie ein Jagdhund kommt der
Herrscher Europas,
begleitet von den Truppen des Adlerlandes.
Er führt eine riesige Arme aus
Roten und Weißen.
Sie marschieren gegen den
Herrscher von Babylon.

(Centurie X/85)

Es ist jedoch nicht vorstellbar, dass heute ein Krieg noch mit riesigen Truppenverbänden, mit Panzern und Kanonen geführt werden kann. Wir dürfen wohl auch nicht davon ausgehen, dass sich der Krieg so ähnlich wie zuletzt das endlose und weitgehend erfolglose Kämpfen in Syrien abspielt. Es werden Bomben und Granaten mit nuklearer Zerstörungskraft und der nachfolgenden großen radioaktiven Verstrahlung eingesetzt werden. Damit werden riesige Gebiete unbewohnbar und müssen verlassen werden. Wir erinnern uns an die beiden Atombombenangriffe auf Hiroshima und Nagasaki. Jedoch weit schlimmer werden die bösen Auswirkungen auf die betroffenen Menschen sein. Chiren wird nach Siegen eine fürchterliche Niederlage erleben:

Die französische Armee wird
in Italien geschlagen.
Der Krieg weitet sich aus und
Bringt große Verluste.
Die Römer fliehen, Frankreich
wird zurückgeschlagen.
In der Nähe des Tessins, am
Rubicon, endet eine Schlacht
Unentschieden.

(Centurie II/72)

Es wird in diesem Krieg also auf und ab gehen. Siege und Niederlagen wechseln sich ab. Dazwischen dürfte es jeweils längere Pausen geben, bis die Länder wieder über Armeen verfügen. So schildert Nostradamus die Auswirkungen dieses Krieges:

Von Monaco bis nach Sizilien
ist die ganze Küste verwüstet.
Es gibt keine Siedlung, keine alten und
neuen Städte mehr, die von den Barbaren
nicht beschossen und ausgeplündert wären.

(Centurie II/4)

Die ganze Westküste Italiens ist also unbewohnbar geworden. Wer noch das Glück hat, einen Angriff zu überleben, muss seine Heimat umgehend verlassen. Doch wo soll er hin? Wo fände er noch einen Ort, der nicht schon angegriffen wurde und somit nicht verstrahlt wäre? So schildert Nostradamus einen der ersten Angriffe auf Frankreich:

Der große Herrscher wird den Hafen
bei Nizza erobern und schafft damit
die große Herrschaft des Todes.
Er schleudert sein Beil nach Antibes.
Vom Meer her wird la Pille alles entseelen.

(Centurie X/87)

Unvorstellbar! Das übertrifft alles, was bisherige Kriege angestellt, an Unheil, Verwüstung und Leid über die Welt gebracht haben. Der hier genannte »große Herrscher« ist der »Antichrist«, der bei Monaco nach der Eroberung Italiens weiter in Europa vordringt. »La Pille« ist wieder der Versuch des Propheten aus dem Mittelalter, die atomaren Waffen zu erklären. Die Kriegswaffen werden die betroffenen Opfer »entseelen«. Unsere Welt wird radioaktiv verseucht sein. Wohin könnte man noch fliehen, wo wäre noch ein Zuhause möglich? Wo gäbe es noch einen Job, um Geld zu verdienen? Womit sollte man seinen Hunger stillen können? Wo wäre nicht die islamische Aufsicht, die kontrolliert, ob man schon den islamischen Glauben und seine Lebensweise angenommen hat? Es kann kein Flugzeug mehr starten, das ihn oder sie nach Kanada oder nach Australien bringen könnte. Und das wäre auch keine Rettung mehr, weil der Islam auch dort schon angekommen ist. Wer doch noch überlebt, wird von neuen Krankheiten und vom mörderischen Hunger heimgesucht werden. Millionen Menschen werden verhungern, und das alles 27 Jahre lang! Um es noch einmal zu wiederholen: Zwei Drittel der Menschheit, so Nostradamus, werden diesen Krieg nicht überleben können. Wir erfahren noch einmal von der Fassungslosigkeit, die Nostradamus empfindet, wenn er in Trance das alles sieht. Wie das Leben im Krieg zugehen wird, schildert er so:

Der König von Blois wird in Avignon regieren.
Wieder einmal müssen die Leute die Städte
verlassen.

In der Rhône lässt er sie
von der Mauer aus baden.
Fünf Feldzüge führt er durch.
Den Letzten bis nach Nola.

(Centurie VIII/38)

Der König von Blois ist Chiren, der Bourbone. Da Paris zerstört und radioaktiv verseucht sein wird, regiert er von Avignon aus. Wenn die Leute wieder einmal die Städte verlassen müssen, dann eben, weil das Land dort kontaminiert ist. Er versucht, seinem Volk zu helfen, indem er es veranlasst, sich körperlich besonders fit zu halten. Dann kann er aber doch nicht umgehend von Avignon aus den Krieg gewinnen. Er muss fünf große Anläufe nehmen, bis er endlich Europa wieder vom Islam gesäubert hat. Das wird endlos dauern. Voll austoben wird sich dieser Krieg vor allem in Europa. Und auch da muss man sich fragen: Wo bleiben die hochgerüsteten US-Truppen? Wo die Russen oder gar die Chinesen? Wie sollte sich der Islam so enorm aufrüsten können, dass der Rest der Welt nicht mehr dagegen ankommen kann? Von Russland wusste Nostradamus: Das Land wird wohl zunächst, doch später nicht mehr an der Seite des Islam kämpfen. Russland dürfte im Verlauf des Krieges die Fronten wechseln: Die Chinesen dürften sich zu einem späteren Zeitpunkt in den Krieg einmischen – wohl auch auf der Seite des Islam:

Die Macht derer von Fez wird sich
über Europa erstrecken.
Sie schleudern Feuer auf die Städte
und zerreißen ihre Seelen.
Aus dem riesigen Asien kommen Truppen
zu Land und zu Wasser,
die Blauen, die Väter, das Kreuz
in den Tod zu schicken.

(Centurie VI/80)

Wenn Nostradamus vom riesigen Asien spricht, kann er nur China meinen. Zu seiner Zeit spielte China für Europa keine Rolle. Ein sehr starkes Militäraufgebot dürfte es heute aber haben. Fez liegt in Marokko. Also Afrika und Asien überfallen Europa. Die Blauen dürften die UN-Friedenstruppen sein. Von den Amerikanern ist nicht die Rede. Gut vorstellbar, dass sie sich nicht zuletzt deshalb so zurückhalten, weil Europa radioaktiv verstrahlt sein wird? Gut möglich auch, dass sie voreilig heimgeschickt wurden?

Die starken militärischen Kräfte
werden heimgeschickt.
Doch schon könnte sie der
Regierungschef brauchen.
Die vor langer Zeit versprochene
Treue ist gebrochen.
Nackt sieht er sich in
beklagenswertem Zustand.

(Centurie IV/22)

Das hört sich an, als wollten sich US-Truppen nicht von Chiren sagen lassen, wie sie vorzugehen haben, womit es zum Bruch der Freundschaft kommt. Doch Chiren, der damit so verlassen dasteht, hat in diesem Punkt wohl versagt. So gesehen käme für ihn ein besonders schwieriger Moment in diesem Krieg, in dem er erfahren muss, dass er alleine dasteht. Man kann sich leicht vorstellen, wie schwer es der Prophet am Ende des Mittelalters hatte, den modernen Krieg mit seinen schrecklichen Waffen zu schildern.

Das, was lebt und doch
keinerlei Sinne besitzt,
wird seinen Erfinder umbringen.

In Autun, Chalons, Langres
und den beiden Sens
werden Hagel und Eis großes
Unheil anrichten.

(Centurie I/22)

Das könnte einen Super-GAU in Burgund beschreiben, denn dort liegen die genannten Städte, die nach einem Angriff die Naturkatastrophe erleben. Wenn der Prophet Unterseeboote sieht, spricht er von der »untergetauchten Flotte«. Der Dritte Weltkrieg beginnt also mit dem Überfall der islamischen Truppen auf Ägypten auf der einen Seite und auf die Türkei auf der anderen. Nostradamus grenzt die Zeit noch einmal ein, indem er unsere Tage beschreibt:

Der Ölpreis wird seinen Höchststand
nicht halten können.
Menschliche Körper werden
nach dem Tod zu Asche gemacht.
Kriegsschiffe stiften Unruhe bei
der Insel Pharos.
Dann erscheint auf Rhodos ein
hartes Schreckgespenst.

(Centurie V/16)

»Sabbäischer Tropfen«, so hat man in früheren Zeiten das Erdöl genannt. Pharos, die kleine Insel Pharillon vor Alexandrien, steht also für Ägypten. Rhodos ist genannt anstelle der Türkei. Das ist also der Doppelangriff auf Ägypten und die Türkei, mit dem der Dritte Weltkrieg beginnen wird. Nostradamus nennt hier noch einmal die Zeit, in der das geschehen soll: wenn der Ölpreis so tief gesunken ist, wie das heute gerade geschieht, und wenn die Toten nicht mehr beerdigt, sondern verbrannt werden.

Der Untergang von Paris

Dieser Krieg wird zweifellos mit atomaren Waffen geführt werden. So schildert Nostradamus gleich dreifach die totale Zerstörung von Paris:

Durch Feuer, das vom Himmel fällt,
wird Paris nahezu verbrannt.
Die Urne bedroht selbst Deukalion.
Sardinien wird durch die punische Flotte bedroht.
Das wird geschehen, wenn die
Sonne die Waage verlassen hat.

(Centurie II/81)

Das ist der erste Hinweis auf die Zerstörung von Paris. Wenn Nostradamus von »la cité« spricht, meint er immer Paris. »Deukalion« hat in der griechischen Mythologie die Rolle des biblischen Noah, der in seiner Arche die Sintflut überlebte, womit er zum Stammvater der Griechen wurde. Damit will Nostradamus wohl andeuten, dass bei diesem Angriff selbst älteste Kunstschätze verloren gehen. Dass diese Deutung richtig ist, bestätigen die nachfolgenden prophetischen Verse. Wenn Sardinien von der »punischen Flotte« bedroht wird, erfolgt der Angriff von Nordafrika her. Wir müssen davon ausgehen, dass dann das »Arabische Imperium« bestehen wird, der riesige islamische Staatenbund, der sich vom Atlantik bis Indien erstrecken wird, ganz Afrika eingeschlossen. Die Punier mit der Hauptstadt Karthago lebten einst im heutigen Tunesien. Hannibal hat von dort aus versucht, Rom zu erobern. Dieser Angriff wird also Ende Oktober/Anfang November erfolgen. In einem zweiten prophetischen Vers wiederholt Nostradamus die Zerstörung von Paris noch einmal:

Die große Stadt wird schwer verwüstet.
Von den Bewohnern wird nur ein einziger überleben.
Die Mauern, die Menschen, Kirchen und die Jungfrau

werden geschändet.
Durch Schwert, Feuer, Seuche stirbt das Volk.

(Centurie III/84)

Mit der Jungfrau dürfte er in diesem Fall Notre-Dame, die Kathedrale in Paris, gemeint haben. In der dritten Schilderung des Angriffs auf Paris erfahren wir, wie es zum Angriff auf Paris kommen wird:

Übrig bleiben wird das lebendige Feuer
und der schleichende Tod.
In den Kugeln steckt schreckliche Sprengkraft.
Von der Flotte aus wird nachts die Stadt
in Pulver verwandelt.
Die Stadt brennt, der Feind hat Glück.

(Centurie V/8)

Der Angriff erfolgt also in der Nacht. Vom Atlantik her wird Paris von einem Kriegsschiff, vielleicht sogar von einem U-Boot, mit nuklearen Bomben beschossen. Der Feind kann schließlich der Verfolgung entkommen. Und noch einmal der Atomkrieg bei Paris: Die Landschaft rund um Paris ist radioaktiv verstrahlt. Man wird dort nicht mehr leben können. Das zieht sich hinauf bis nach London:

Unbewohnt bleibt für lange Zeit das
von der Seine und Marne umspülte Land.
Auch an der Themse, ebenfalls kriegerisch,
sind die Wachen niedergestreckt,
die zurückschlagen wollten.

(Centurie VI/43)

Schließlich: Paris selbst wird derart zerstört und verstrahlt sein, so dass sich die Regierung in eine der südlichsten Städte Frankreichs zurückziehen wird, um von dort aus zu regieren:

> *Die ganze Regierung lässt sich*
> *in Avignon nieder,*
> *weil Paris zerstört ist.*
> *Der hannibalische Zorn richtet sich gegen Tricastin.*
> *Lyon wird im Wechsel wenig Trost finden.*
>
> *(Centurie III/93)*

Frankreich ist vor allem nördlich von Paris radioaktiv verstrahlt. Somit kann man nur noch ganz im Süden einigermaßen leben, ohne krank zu werden. Tricastin ist die Gegend südlich von Lyon. Hannibal war ursprünglich in Nordafrika daheim. Man kann also davon ausgehen, dass auch in Südfrankreich kein Frieden und keine Ruhe mehr zu finden sein werden. In Lyon wird man wenig erfreut darüber sein, dass Frankreich nun von Avignon aus regiert wird. Denn damit wächst die Gefahr, dass der Süden Frankreichs zum Angriffsziel werden wird.

Was wird in Deutschland passieren?

Deutsche Truppen werden immer wieder zu Hilfe gerufen werden. Deutschland wird aber auch vom Islam überfallen werden. Doch zu einem großen Kampf wird es in unserem Land wohl nicht kommen. Deutsche Truppen sind zwar immer wieder an der Seite des Chiren. Sie werden auch in der Schweiz gegen die aufständischen Südfranzosen kämpfen und eine blutige Niederlage erleiden. Dieser Krieg im Krieg müsste sich nach Nostradamus auch auf Süddeutschland ausstrecken. Doch einen großen blutigen Eroberungsüberfall auf Deutschland dürfte es nicht geben. Dabei darf man aber nicht übersehen, dass sich der Prophet nie wirklich mit Deutschland befasst hat. Vermutlich mochte er auch die Deutschen nicht besonders. Davon muss man beim folgenden Vers ausgehen:

Das Heilige Reich kommt
nach Deutschland
Die Araber finden die Orte frei
zugänglich.
Die Dummköpfe wollen auch noch
die Wiedergeburt.
Die Unternehmer sind auf dem Posten.

(Centurie X/31)

Man erinnere sich daran, dass Hitler die ersten Zeilen auf sich bezogen hat. Er, der einen der besten Astrologen jener Zeit an seiner Seite hatte, war überzeugt davon, dass er hier als der große Retter des Abendlandes angekündigt wird. Eine solche Deutung kann ihm jedoch nur einer gegeben haben, der die nächsten Zeilen nicht gelesen hat. Die Araber kommen nach Deutschland im Namen ihres Propheten Mohammed. Sie sehen in dem Unternehmen einen »heiligen Feldzug«. Und sie finden in Deutschland »offene Türen und Herzen« vor.

Das »Heilige Reich« ist hier ohne Zweifel ironisch gemeint. Nostradamus deutet an, dass die Deutschen umgehend versuchen werden, sich mit den Arabern zu verständigen. Sie sind geneigt, sich deren Religion erklären zu lassen, um sie dann zumindest scheinbar zu übernehmen. Darüber hinaus sind die Unternehmer auch auf dem Posten, mit den Eroberern gleich Geschäfte zu machen. Im nachfolgenden Vers spricht Nostradamus, um wirklich Klarheit zu verschaffen, von Deutschland, das im Hintergrund bleiben wird, dann werden andere den Krieg gewinnen.

Um in der Donau und vom Rhein zu trinken,
kommt das große Kamel.
Daran wird sich nichts ändern.

Zittern werden die Menschen an der Rhône
Und noch mehr die an der Loire.
In der Nähe der Alpen wird der Hahn die
Eindringlinge vernichten.

(Centurie V/68)

Dieser Vers ist immer wieder gedeutet worden als Ankündigung, dass Deutschland Arbeiter braucht und diese auch in Scharen nach Deutschland kommen, um nach Möglichkeit auch da zu bleiben. Die Prophezeiung lässt diese Deutung aber nicht zu. Nostradamus weist nur noch einmal deutlich darauf hin, dass nicht die Deutschen, sondern die Franzosen den eingedrungenen Feind besiegen werden. Fürchterliches werden die Menschen in Mittel- und Südfrankreich erleben. Dort, bei den Alpen, wird der Hahn, also Frankreich, die islamischen Truppen vernichtend schlagen. Das dürfte sogar das Ende des Krieges bedeuten.

Der Sieger Chiren

Und wieder ist es Chiren, dem das gelingen wird. Er ist dann der große Sieger, verehrt und gefürchtet in der ganzen Welt. Er wird auch nach dem Krieg Europa regieren. Nostradamus geht sogar so weit, ihn als den Herrscher über die ganze Welt zu feiern:

Der Islam-Besieger schafft
Frieden in Italien.
Er vereinigt die Staaten und
wird zum christlichen
Weltherrscher.
Wenn er stirbt, will er in Blois
begraben werden, nachdem er
die Piraten vom Meer gejagt hat.

(Centurie IV/77)

Wenn der Krieg schließlich zu Ende ist, gilt es noch, den Frieden auch auf den Meeren zu schaffen. Chiren macht aus den europäischen Ländern den Staat Europa, der nach seinem Tod aber wieder in die einzelnen Staaten zerfallen wird. Er lässt sich gleich doppelt krönen, zuerst in Reims zum König, dann in Aachen zum Kaiser. Nostradamus findet kaum mehr Worte, Chiren zu loben. So formulierte er seine Regentschaft nach dem Weltkrieg:

Die menschliche Herrschaft,
engelgleicher Art,
verschafft seinem Reich gesicherten
Frieden.
In der Mitte seiner Amtszeit wird der
Krieg eingedämmt sein.
Lange Zeit wird er den Frieden
bewahren.

(Centurie X/42)

Und noch einmal:

Zum Chef über die ganze Welt
wird der große Chiren.
Darüber hinaus wird man ihn
auch noch lieben, achten
und fürchten.
Sein Ruf, sein Lob wird über
Die Himmel erschallen.
Mit dem einzigen Titel wird
er sich zufrieden geben:
Sieger.

(Centurie VI/70)

Bürgerkrieg in Südfrankreich

Es wird wahrhaftig drunter und drüber gehen. Südfrankreich hat sich schon immer von Paris benachteiligt gefühlt. Die rechtsradikalen Anhänger der Familie Le Pen wohnten immer schon vor allem im Süden Frankreichs. Nun sah also Nostradamus, dass es dort mitten im Krieg zum großen Aufstand kommen wird mit dem Ziel, sich von Paris zu trennen und einen eigenen Staat zu gründen.

Nostradamus spricht von den »Kelten« und den »Langhaarigen«, die die Revolution anführen. Sie sehen die große Chance gekommen, jetzt ein eigenes rechtsradikales Reich zu gründen. Es muss sich also um Leute handeln, die, so wie einst in Deutschland die Germanen, in Frankreich die Kelten verehrten. Sie dürften überaus aggressiv vorgehen und auf Anhieb viele Anhänger finden, die aus ganz Europa nach Frankreich strömen, weil sie in der Zeit der Unruhe ihre Zeit für gekommen sehen:

Bazas, Lectour, Condon,
Auch und Agen
werden durch gesetzliche
Maßnahmen und Monopole in
Unruhe versetzt.
Denn Bordeaux, Toulouse und
Bayonne fallen in Schutt,
wenn man dort einen eigenen
Staat gründen will.

(Centurie I/79)

Eine Zeitangabe dazu gibt es nicht. Doch es wird im Dritten Weltkrieg stattfinden, während der Islam auf dereinen Seite über die Türkei und Griechenland und auf der anderen über Marokko nach Spanien und Italien vorankommt. So viel ist sicher: Nostradamus spricht von diesem Aufstand, der zum großen Krieg ausarten wird, und davon, dass diese Revolte vom »Arabischen Imperium« finanziert und kriegerisch unterstützt werden wird. Die genannten Städte liegen alle im Süden und Südwesten von Frankreich. Wieder einmal klingt diese Prophezeiung einfach unvorstellbar. Doch sie müsste sich mitten im Dritten Weltkrieg ereignen:

> *Die Langhaarigen des keltischen Galliens,*
> *begleitet von fremden Nationen:*
> *Sie nehmen das aquitanische*
> *Volk gefangen, um es den eigenen Absichten*
> *zu unterwerfen.*
>
> *(Centurie III/83)*

Aquitanien ist das Land zwischen der Loire und den Pyrenäen. Der Aufstand in Südfrankreich wird offensichtlich nicht nur von ein paar wenigen inszeniert. Eine ganze Region, besser gesagt, ganz Südfrankreich, gerät zunächst in diesen Aufstand. Tatsache ist, dass sich Teile von Südfrankreich immer schon in Frankreich unwohl fühlten und mit dem, was aus Paris auf sie zukam, unzufrieden waren. Doch es sind nicht nur Südfranzosen an diesem Bürgerkrieg beteiligt, sondern im Laufe der Zeit massenhaft Rechtsradikale aus allen Ländern Europas. So wie Nostradamus diesen Aufstand schildert, muss es da geradezu teuflisch zugehen:

> *Ganz Marseille hat eine andere*
> *Bevölkerung bekommen.*
> *Die Flüchtlinge werden bis*
> *in die Gegend von Lyon verfolgt.*
> *Narbonne und Toulouse werden*
> *von Bordeaux aus angegriffen.*
> *Man zählt fast eine Million Tote*
> *und Verwundete.*
>
> *(Centurie I/72)*

Das hört sich so an, als wären riesige Massen Rechtsradikaler nach Südfrankreich geeilt, weil sie jetzt die große Chance sehen, sich gegen Frankreich und gegen das Christentum durchzusetzen, und das mitten im großen Krieg gegen den vordringenden Islam. Das ist dann kein begrenzter Aufstand mehr, sondern ein Krieg im Krieg, einer mit riesigen Zahlen an Getöteten. Und Frankreich schafft es trotz größtem Aufwand nicht, diese Aufständischen zu besiegen.

Vom Bürgerkrieg zum Glaubenskrieg

Chiren ist mit seinen Truppen so intensiv mit der Abwehr des Islam beschäftigt, dass er den Kampf gegen die Aufständischen an andere übergeben muss. In diesem Fall kommen die Engländer den Franzosen zu Hilfe:

Eine große Invasion in Aquitanien
unternehmen die Engländer und die
Franzosen selbst.
Regen und Eis machen das Gelände
teuflisch.
Von einem islamischen Hafen aus
werden ebenfalls Invasionen gestartet.

(Centurie II/1)

Das ist also kein Aufstand mehr, sondern ein Krieg während des großen Krieges. Es kämpfen nicht nur Franzosen gegeneinander. Auf der Seite von Paris greifen die zu Hilfe gerufenen Engländer ein. Den aufständischen »Kelten« aber hilft das »Arabische Imperium«. Wie verrückt die Welt geworden ist, dass die französischen »Nazis« sich ausgerechnet von islamischen Streitkräften helfen lassen, von Frankreich loszukommen. Da tobt ein verheerender Krieg. Europa ist von atomaren Strahlen verseucht, und Südfrankreich kennt keinerlei Tabu mehr. Die Armee Frankreich/England scheitert, weil Regen und Eis ein Vorankommen in Südfrankreich unmöglich machen. Hier spricht nun Nostradamus auch von den Amerikanern, die versuchen, Paris beistehen:

> *Die französische Flotte,*
> *unterstützt von der großen Garde,*
> *vom großen Neptun und seinen*
> *Marinesoldaten,*
> *greifen die Provence an, um*
> *die große Bande aufzuhalten.*
> *Schlimmeres verursacht der*
> *Krieg in Narbonne mit Raketen*
> *und Granaten.*

(Centurie II/59)

Mit Neptun bezeichnete Nostradamus die Engländer. Der »große Neptun« sind für ihn die Amerikaner. Die Provence ist wieder das Gebiet im Südosten von Frankreich, die Heimat der Aufständischen. Narbonne liegt ganz unten im Süden von Frankreich, am Mittelmeer. Dort wird Frankreich mit Raketen und Granaten beschossen. Hier geht es also wieder um den doppelten Krieg: Auf der einen Seite kämpft Europa gegen den vordringenden Islam, auf der anderen Seite gegen die neuen »Nazis«, die sich auf die Seite der islamischen Invasoren gestellt haben. Diese müssten doch alles andere vorhaben, als sich zum Islam zu bekehren. Vielleicht hoffen die »Kelten«, sie könnten den Islam versöhnen, wenn sie den christlichen Glauben zerstören? Der Glaubenskrieg hat sich verdoppelt. Die Christen müssen gegen die Muslime und gleichzeitig gegen Ungläubige kämpfen. Dieser ursprüngliche Bürgerkrieg nimmt immer noch schlimmere Formen an:

> *Der unfähige Prinz ist erbost*
> *über den Jammer und Streit,*

über die Entehrungen und Überfälle
der Franzosen und Libyer.
Der Große liegt zu Boden, das Meer
ist endlos mit Segeln bedeckt.
Nur Italien jagt die Kelten.

(Centurie IV/4)

Wer könnte der unfähige Prinz sein, der offensichtlich gegen die Aufständischen kämpft? Die »Kelten«, zusammen mit Truppen aus Libyen, treiben ihr Unwesen, ohne dass sie besiegt werden könnten. Doch der große, eigentliche Krieg fordert so viel Gegenwehr, dass Paris sich dort einsetzen muss. Frankreichs Chef Chiren kann offensichtlich nicht eingreifen. Er ist verwundet. Riesige Massen an Kriegsschiffen haben sich im Mittelmeer versammelt. Nostradamus spricht von Segeln, meint damit aber nicht Segelschiffe, sondern Kriegsschiffe. Der Prophet ist erbost darüber, dass sich nur die Italiener gegen die Kelten wehren.

Krieg in der Schweiz

Doch das alles dürfte erst ein Anfang dieses Doppelkrieges sein. Plötzlich spricht Nostradamus von der Schweiz, die in den Krieg der Südfranzosen hineingezogen wird:

Ein heller Schein blitzt in Lyon auf.
Wenn er erscheint, wird Malta
genommen und schlagartig ausgelöscht.
Die aus Sardinien und die Araber
wird man täuschen.
Genf wird von London und vom Hahn verraten.

(Centurie VIII/6)

Das liest sich, als würde die Insel Malta wohl mit nuklearen Waffen völlig ausgelöscht, als wäre Sardinien wohl von den Aufständischen und Arabern schon eingenommen. Also noch einmal: Weil die französischen Truppen im Verbund mit den Engländern anderswo das Vordringen der islamischen Truppen abwehren müssen, können sie sich um die Aufständischen nicht mehr kümmern, und für die Schweiz kommt jede Hilfe zu spät. Nun wird also auch die Schweiz, seit Jahrtausenden ohne Krieg, in diesen Weltkrieg und in den Krieg der Kelten hineingezogen. Das Land wird von London und Frankreich im Stich gelassen. Es sind die aufständischen Kelten, die in die Schweiz einfallen, um dort in den vielen Berg-Bunkern Unterschlupf zu finden. Die Alpenregion mit ihren vielen Bergen und Tälern bietet den bestmöglichen Unterschlupf für die Aufständischen. Von hier aus können sie dann ihre Überfälle starten:

Vom Fucinersee bis zum Ufer
des Gardasees,
von der Eroberung am Genfer See
bis Origano: Dort entsteht das Bild
vom vorhergesagten Krieg der drei
Kronen gegen den großen Endymion.

(Centurie II/73)

Endymion ist eine mythologische Figur, die von der Mondgöttin in Schlaf versetzt wurde. Nostradamus nennt sie, um anzudeuten, dass das alles nur möglich wurde, weil man richtig geschlafen und einen Überfall auf die Schweiz für unmöglich gehalten hat. Die drei Kronen, die in diesen Krieg eingreifen, um das Heer der Radikalen aufzuhalten, können nur Frankreich, England und vermutlich Spanien sein. Doch auch Deutschland wird in diesen Krieg hineingezogen werden.

Die vom Genfer See und aus
der Gegend von Mâcon
haben sich alle gegen die Aquitanier
versammelt.
Dabei sind viele Deutsche,
noch mehr Schweizer.
Sie werden mit denen aus Mainz
vernichtet.

(Centurie IV/74)

Es kommt also zu einer fürchterlichen Schlacht in der Schweiz gegen
die Aufständischen, bei der auch deutsche Truppen aufseiten der
Schweizer beteiligt sind. Sie wird zur entsetzlichen Niederlage für
die Schweizer und die Deutschen. Wenn das dem Chef Frankreichs,
Chiren, hinterbracht wird, wird er den Kampf gegen die Kelten aufgeben, um sich ganz dem Gegner Islam zuwenden zu können. Das
liest sich so:

Die Nachricht von den riesigen Verlusten
wird überbracht.
Der Bericht wird die Armee erschrecken.
Die Banden haben sich zusammengeschlossen
und gegen sie erhoben.
Die doppelte Front zwingt den Großen
aufzugeben.

(Centurie IV/13)

Wie soll das weitergehen? In einem weiteren Vers schildert Nostradamus, dass die besiegten Schweizer als Gefangene behandelt und eingesperrt werden. Doch ein Schweizer weiß, wie man sich befreien
kann – man gibt den Siegern Gold:

Gefangen werden die von Genf
und Langres, von denen aus
Chartres und Dole und den
Grenoblern bei Montélimar.
Schweizer und Lausanner
verraten sie in arglistigem
Betrug für Gold zu 60 Mark.

(Centurie IV/42)

Gold wird in diesem Krieg wertlos werden. Doch es hat sicher auch noch seinen Reiz behalten. Die gefangenen Schweizer können sich also aus der Gefangenschaft befreien, indem sie den Wächtern kleinste Goldstückchen geben. Nostradamus spricht dann noch von zwei unvorstellbar großen Kämpfen bei Lyon und dann im Jura, die ein Löwe, vermutlich ein Engländer, mit riesigem Aufwand gewinnen wird:

Nach dem Sieg des Löwen bei Lyon
folgt ein Gemetzel in den Jura-Bergen.
Sieben Millionen Schweizer und
Piemonteser sind beteiligt.
Der Löwe stirbt in Ulm und wird
dort beigesetzt.

(Centurie VIII/34)

So, wie es aussieht, werden die Kelten dann doch besiegt werden – nicht von Chiren, sondern von seinem ältesten Enkel. Er geht wohl mit modernsten Waffen gegen die Aufständischen vor, verwendet dabei neue Waffen verschiedenster Art, die er aus Amerika bekommt:

Der tapfere älteste Sohn
der Königstochter
wird die Kelten ganz weit

zurücktreiben.
Er benützt Blitze, viele
im Durcheinander.
Kurze und Lange, schließlich
sogar von den Hesperiden her.

(Centurie IV/99)

Das dürfte dann doch das Ende des Bürgerkriegs sein. Man spürt wieder den Versuch des Mannes aus dem Mittelalter, moderne Waffen zu beschreiben. Dieser Vers vermittelt auch den Eindruck, dass die Kelten von den USA her beschossen werden. Das würde Waffen fordern, die selbst wir heute noch nicht kennen, zumindest im Einsatz nicht erlebt haben.

Die zerstörte Natur

Wir alle haben endlich mitbekommen, dass wir nicht weiterhin mit der Natur so umgehen dürfen, wie das zuletzt der Fall war. Wir erlebten jüngst die heißesten und trockensten Sommer seit Jahren. Die Winter sind keine Winter. Es ist deutlich geworden, dass wir nicht weiterhin so viel Dreck in die Luft pusten dürfen.

Die Frage ist nur: Kommen wir nicht bereits zu spät? Ist inzwischen nicht schon so viel Schaden angerichtet, dass überhaupt nichts mehr zu retten sein wird?

Vierzig Jahre lang wird man
keinen Regenbogen sehen,
vierzig Jahre lang sieht man
ihn täglich.
Das trockene Land wird zur
Wüste werden,
und große Überschwemmungen,
wenn es endlich wieder regnet.

(Centurie I/17)

Wir haben so etwas vor Kurzem in Australien erlebt. Die Erde war dort so ausgetrocknet, dass Waldbrände nicht mehr zu löschen waren. Unsere Wälder in Europa sterben, weil es zu trocken geworden ist. Die Jahreszeiten sind aus den Fugen geraten. Es ist unvorstellbar, dass es also 40 Jahre lang nicht regnen soll – dann aber 40 Jahre lang nur regnet. Die Folgen einer solchen Naturkatastrophe sind gar nicht vorstellbar.

Eine riesige Hungersnot folgt
der Pestwelle und dem langen Regen
am Nordpol. Samatobryn und hunderte Orte

der Halbkugel leben ohne Gesetz.
Befreit von der Politik.

(Centurie VI/5)

Wir erleben zurzeit, dass aus dem Nichts das Coronavirus die Welt heimsucht. Und wir müssen erfahren, welche gewaltige Auswirkung ein winziger Erreger auf die Wirtschaft der ganzen Welt haben kann. Man darf sich nicht mehr die Hand geben, nicht mehr versammeln. Die Lebensmittelgeschäfte hatten teils Lieferengpässe, die Grenzen der Länder waren verschlossen. Viele erleben gerade den beruflichen Bankrott. Wir müssen gleichzeitig zur Kenntnis nehmen, dass das Eis an den Polen schmilzt, dass Wetterstürze immer heftiger werden. Wir Menschen haben massiv in die Gesetze der Natur eingegriffen, aber immer noch nicht begriffen, was wir damit angestellt haben.

Samatobryn ist eine alte Bezeichnung für die Gegend um Amiens. Der Hunger herrscht also in der Heimat des Propheten. Spricht Nostradamus hier vielleicht doch von unseren Tagen, in denen das alles geschehen soll? Es hört sich so an. In einer Prophezeiung außerhalb der Centurien wird Nostradamus noch deutlicher:

Regen. Außergewöhnlich heftig und in
Hülle und Fülle.
Das Vieh kommt um. Nur die Frauen sind außer Gefahr.
Hagel, Regen, Gewitter: Das französische Volk
liegt am Boden.
Man schindet sich zu Tode, um den Tod des Volkes
aufzuhalten.

(Présage 126)

Das Getreide wird nicht mehr ausreichen.
Der Tod kommt aus einem Schneefall,
weißer als weiß.

Unfruchtbarkeit. Verfaultes Korn. Wasserschwall.
Der Große ist verwundet.
Mehrere Tote liegen zu seinen Füßen.

(Présage 113)

Hier erfahren wir: Diese Wetterkatastrophe wird erst stattfinden, wenn der Krieg bereits ausgebrochen ist. Es ist genau das, was uns mit den Wetterkapriolen bedroht: Zu der Zeit, in der man sich auf die Ernte vorbereitet, kommt es im September zu einer fürchterlichen Katastrophe: Es schneit. Doch der Schnee ist nicht normal. Weißer als weiß kann nur heißen, dass er mit einem Gift belastet, vielleicht auch radioaktiv verseucht ist. Eine Ernte wird unmöglich. Es kommt also schließlich zur weltweiten Hungersnot:

Die große Hungerkatastrophe,
die ich nahen fühle,
wird oft da und dort auftauchen,
schließlich weltweit geworden sein.
Sie wird so lange und so schlimm fortdauern,
dass man die Rinde von den Bäumen
und die Kinder von der Mutterbrust reißen wird.

(Centurie I/67)

Grauenhaft! Noch schlimmer kann man eine Hungerkatastrophe wirklich nicht schildern. Wer von uns könnte noch ruhig schlafen? Dürfen wir das alles von uns schieben mit der Einstellung »Das erlebe ich sowieso nicht mehr«? Es könnte morgen schon so weit sein. Wenn es dann dazu gekommen ist, passiert genau das, was längst als Drohung im Raum stand: Es bildet sich eine Gruppe radikaler Leute, die jene, die die Zerstörung der Natur nicht wahrhaben wollten und nichts dagegen unternommen haben, zur Rechenschaft ziehen. Nostradamus nennt sie die »Roten«, die sich zusammentun, um die Verantwortlichen für ihr Versagen zur Rechenschaft zu ziehen. Wer sind

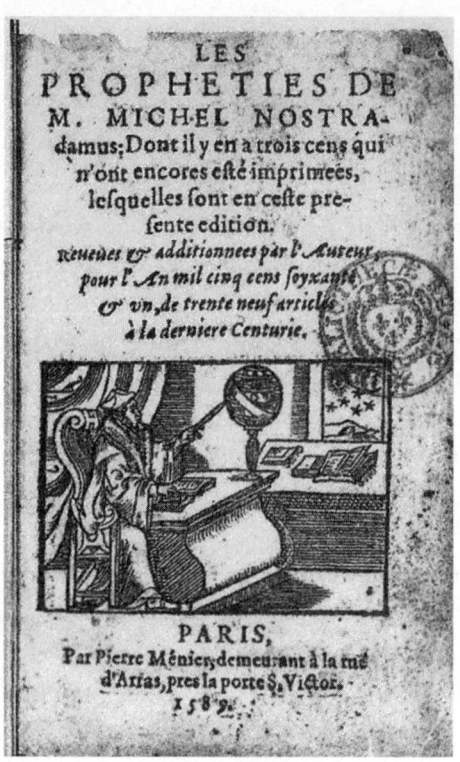

die Verantwortlichen? Zunächst einmal die Regierungschefs der europäischen Länder.

Diese »Roten«, nicht etwa die Sozialisten, marschieren also los und ermorden nacheinander alle europäischen Länderchefs. Der erste, der umgebracht wird, ist der französische Staatspräsident. Er wird überfallen und getötet. Das wird dann der Moment, in dem der junge Franzose Henric in Frankreich an die Macht kommen wird. Er wird den Islam besiegen und den Dritten Weltkrieg gewinnen.

Die »Roten« überfallen auch den Vatikan und ermorden dort alle, die sie greifen können. Der Papst überlebt, wird aber entführt, und niemand wird wissen, wohin er verschleppt wurde (die »Cappa magna« ist eine mantelähnliche Kleidung, die dem Papst vorbehalten ist):

Jener, der die ›Cappa magna‹ trägt,
muss einigen Exekutionen beiwohnen.
Die zwölf Roten werden im Morden
seinen Mantel beschmutzen.
Das wird endlos so weitergehen.

(Centurie IV/11)

Interessant ist der Hinweis von Nostradamus, dass der Papst selbst nicht ermordet wird, aber niemand weiß, ob er noch lebt. Infolgedessen kann auch kein neuer Papst gewählt werden. Der neue König von Frankreich wird das Amt des Papstes übernehmen. Erst nach dessen Tod und nach dem 27-jährigen Krieg wird es wieder eine Papstwahl geben.

Vom Erdbeben zum Polsprung

Was wir bisher über Wetterkatastrophen erfahren haben, ist noch längst nicht alles. Der Prophet hat noch Schlimmeres gesehen: Ein Erdbeben wird so heftig werden, dass es zu einer dreitägigen Sonnenfinsternis kommen wird. Der in die Luft geschleuderte Unrat ist tödlich. Wer ihn einatmet, wird sofort tot umfallen. Und die beiden Pole werden sich verschieben ...

Was wir bisher über die Zerstörung der Umwelt erfahren haben, kann keine Steigerung mehr erfahren, sollte man meinen. Doch es wird schlimmer kommen. Nostradamus hatte gerade den weltweiten Hunger geschildert, als er fortfuhr:

> *Zuvor aber kommt es zu einer Sonnenfinsternis. Es wird die dunkelste und finsterste seit der Erschaffung der Welt bis zum Sterben und Leiden Jesu Christi und von da bis zum heutigen Tag. Im Monat Oktober werden einige so große Verschiebungen eintreten, dass man glauben wird, die Schwerkraft der Erde hätte ihre natürliche Bewegung verloren und wäre hinausgeschleudert in die ewige Finsternis.*
>
> *Vorwort an König Heinrich*

Nostradamus spricht vom Polsprung, der sich mitten im Krieg ereignen soll. Diese Katastrophe haben außer ihm auch zahlreiche andere Seher angekündigt. Wir haben es erlebt: Die großen Kontinentalplatten unserer Erde befinden sich in Bewegung wie kaum jemals zuvor. Besonders aktiv sind diese Platten am Großen Graben, der sich von Australien und Neuseeland bis Japan hinaufzieht, mit einer Abzweigung nach Indien. Noch nie wurde uns das alles so deutlich vor Augen geführt wie mit der Katastrophe von Fukushima auf Japan. Die Inseln des Landes, somit ganz Japan, das sich auf wackligem Untergrund befindet, haben sich um einen Meter in den Ozean hinein verschoben. Dabei haben sich sogar Nord- und Südpol bewegt, wenn auch nur um Zentimeter. Begonnen hat die Katastrophenserie mit dem heftigen Tsunami im Indischen Ozean am 26. Dezember 2004. Ein Seebeben, 85 Kilometer vor der Küste von Sumatra, hatte ihn ausgelöst und über 230 000 Menschen in Indonesien, Sri Lanka, Indien und Thailand in den Tod gerissen. 1,7 Millionen Menschen sind obdachlos geworden. 15 Inseln der Andamanen und Nikobaren sind durch die Verschiebung der tektonischen Platten im Meer versunken. Dazu kam es, weil eine der Kontinentalplatten ruckartig um einige Meter in die Tiefe gerissen wurde. Und dann traf es Japan. Man erinnert sich unwillkürlich an die Prophezeiung des »schlafenden Propheten« Amerikas, Edgar Cayce. Schon im Jahr 1934 sah er in Trance den Untergang von Japan:

> *Die Erde wird im Westen aufbrechen. Der größte Teil Japans wird im Meer versinken. Der Norden Europas wird sich im Handumdrehen verändern. Vor der Ostküste Amerikas wird Land auftauchen …*

Wenn also Nostradamus vom Polsprung und von der dreitägigen Sonnenfinsternis spricht, wird sich das so ereignen: Am Anfang steht ein verheerendes Erdbeben mit einem mächtigen Vulkanausbruch. Es wird so viel Erde ausgeworfen und so viel giftiges Gas ausgestoßen, dass die Sonne nicht mehr bis zur Erdoberfläche durchdringen kann. Die Finsternis dauert drei Tage lang. Wer sein Haus verlässt, sich im Freien befindet, wird umgehend tot umfallen. Ein derartiges Erdbeben beschreibt Nostradamus so:

> *Wenn die Sonne am 20. im Zeichen Stier steht,*
> *wird die Erde mächtig beben.*
> *Das große überfüllte Theater wird einstürzen.*
> *Die Luft, Himmel und Erde werden sich verdunkeln.*

Selbst die Ungläubigen werden dann Gott und
die Heiligen anrufen.

(Centurie IX/83)

Da Nostradamus noch mit dem julianischen Kalender gerechnet hat, wird sich das nicht am 20. Mai, sondern etwa 10 Tage später ereignen. Wie schon in Fukushima wird dieses Beben dann auch den Polsprung verursachen – diesmal nicht nur um Zentimeter oder Meter, sondern ein großes Stück mehr. Im Vorwort an König Heinrich II. beschrieb Nostradamus genau diese Reihenfolge. Er hatte gerade das Wachsen der Herrschaft des Antichristen in den Ländern im Reich des Attila und Xerxes, also im Süden von Asien und dem Iran geschildert, das Heranwachsen des »Arabischen Imperiums«, dann fuhr er fort:

Zuvor aber kommt es zu einer Sonnenfinsternis. Es wird die dun-
kelste und finsterste seit der Erschaffung der Welt bis zum Sterben
und Leiden Jesu Christi und von da an bis zum heutigen Tag …

Die heilige Birgitta von Schweden (1303–1373) sah als Höhepunkt der Drangsale, die über die Menschheit kommen werden, die »schreckliche Finsternis«. Sie nannte als Dauer ebenfalls drei Tage. Anna Maria Taigu (1769–1837) sah in Visionen: »Über die ganze Welt wird sich eine Finsternis breiten. Sie ist verbunden mit einer Verpestung der Luft. Drei Tage wird sie dauern.«
Am deutlichsten hat der Brunnenmacher Alois Irlmaier die Katastrophe beschrieben.

Finster wird es werden an einem Tag unterm Krieg. Dann bricht
ein Hagelschlag aus mit Blitz und Donner. Und ein Erdbeben
schüttelt die Erde. Dann geht nicht aus dem Haus. Die Lichter
brennen nicht, außer Kerzenlicht. Der Strom hört auf. Wer den
Staub einschnauft, kriegt einen Krampf und stirbt.

Macht kein Fenster auf. Hängt sie mit schwarzem Papier zu. Alle offenen Wasser werden giftig. Und alle offenen Speisen, die nicht in verschlossenen Dosen sind. Auch Speisen in Gläsern. Die halten es nicht ab.

Draußen geht der Staubtod um. Es sterben sehr viele Menschen. Nach 72 Stunden wird alles wieder vorbei sein. Aber noch einmal sage ich es: Geht nicht hinaus. Schaut nicht beim Fenster hinaus. Lass die geweihte Kerze oder den Wachsstock brennen. Und bete. Über Nacht sterben mehr Menschen als in den zwei Weltkriegen …

Auf die Frage, was die Leute denn tun sollen, um die große Finsternis und den giftigen Staub zu überstehen, gab er zur Antwort:

Kauft ein paar verlötete Blechdosen mit Reis und Hülsenfrüchten. Brot und Mehl hält sich, Feuchtes verdirbt, wie Fleisch, außer in blechernen Konservendosen. Wasser aus der Leitung ist genießbar, nicht aber Milch. Recht viel Hunger werden die Leute sowieso nicht haben.

Macht während der 72 Stunden kein Fenster auf. Die Flüsse werden so wenig Wasser haben, dass man leicht durchgehen kann. Das Vieh fällt um, das Gras wird gelb und dürr. Die toten Menschen werden gelb und schwarz. Der Wind treibt die Todeswellen nach Osten ab.

Dieser riesigen Katastrophe wird schließlich der Polsprung folgen. Nostradamus schildert ihn so:

Im Monat Oktober wird es einige so große Verschiebungen geben, dass man glauben wird, die Schwerkraft der Erde hätte ihre natürliche Bewegung verloren. Und die Erde wäre hinausgeschleudert in die ewige Finsternis.

Bald und doch zu spät werdet ihr große Veränderungen wahrnehmen.

Wenn der Mond von seinem Engel geführt wird, nähert sich der Himmel Verschiebungen.

(Centurie I/56)

Die große Frage bleibt offen: Wo werden die beiden Pole nach der Katastrophe liegen? Stehen sie nur weiter links oder rechts, wäre die Verschiebung nicht so schlimm. Was aber, wenn der Nordpol zu uns herunterrutscht? Nostradamus spricht davon, dass das Mittelmeer zum Kristall gefrieren wird. Das hieße: Wir alle müssten eine neue Heimat suchen, weil wir nahe am Pol wohnen. Es käme zu einer unvorstellbaren Völkerwanderung. Doch könnte Europa eine neue Heimat finden? Wohl richtig ist, dass der Nordpol vor Jahrtausenden im Golf von Mexiko lag. Bei Grabungen am Pol ist man auf Überreste einer sehr üppigen Vegetation gestoßen, als wäre da einst Urwald gewesen. Nach Nostradamus werden die Pole nach 1000 Jahren wieder so wie heute stehen.

Das Geld
ist Vergangenheit

Jedes Mal, wenn der Planet Pluto in den Steinbock wechselt, zeigt uns der Sternenhimmel eine ganz bestimmte Aufgabe an, die geleistet werden muss. Das war besonders deutlich am 1. Dezember 1981. An diesem Tag wurde AIDS als Krankheit anerkannt. Und das war doch ganz typisch: Der Skorpion ist der Unterleib, über den die Krankheit übertragen wird.

Pluto war schon immer der Planet für die Seuche. Im Jahr 2008, als der Pluto wieder einmal in den Steinbock eintrat, hatten wir die heftige Bankenkrise. Wir waren also aufgefordert, in der Zeit, in der Pluto im Steinbock verweilt, den Kapitalismus in seiner bisherigen Form abzuschaffen und ganz neu zu formulieren, wie mit dem Geld umzugehen ist, damit es stabil bleibt und einigermaßen gerecht verteilt wird. Geschehen ist in dieser Hinsicht überhaupt nichts. Im Dezember 2025 wird der Pluto den Steinbock endgültig verlassen und in den Wassermann wechseln. Wenn bis dahin nichts Positives zur Rettung des Geldes geschehen ist – und es sieht wirklich nicht danach aus, dass es noch geschafft werden könnte –, wird unser Geld wertlos werden, vielleicht sogar für immer der Vergangenheit angehören.

Wir erleben gerade, dass immer mehr Geschäfte es ablehnen, bei einem Verkauf Bargeld entgegenzunehmen. Sie fordern eine Kreditkarte. Das ist der Anfang. Das Geld ist überflüssig geworden. Doch gleichzeitig wird es auch immer wertloser.

Wir erfahren täglich, wie entsetzlich teuer ein winziges Virus wie Corona und der Schutz dagegen ausfallen kann. Die Milliardensummen, die ins Unvorstellbare kletterten, wird kein Land je wieder begleichen können. In Tagen, in denen bei uns die Lufthansa eine Million Schulden pro Stunde hinnehmen musste, weil die meisten Flüge nicht mehr durchgeführt werden durften, muss uns doch klar geworden sein, dass wir unterwegs in Richtung Chaos sind.

Wir erleben gerade, wie unser Geld an Wert verliert. Reich sind längst nicht mehr die Millionäre. Es sind inzwischen die Milliardäre, also jene, die das Tausendfache besitzen. In Kürze werden wir nicht mehr von Milliarden, sondern von Billionen sprechen.

Man muss sich entsetzt fragen: Steht unsere Welt vor dem Bankrott? Nostradamus hat uns auf seine ungeschminkte Art sehr deutlich gewarnt:

> *Gold- und Silbermünzen*
> *werden wertlos.*
> *Nach dem Raub werden sie*
> *in den See und ins Feuer geworfen.*
> *Wenn das entdeckt wird,*
> *geraten alle außer Atem und*
> *sind verzweifelt.*
> *Die Schriften auf Marmor*
> *werden überkritzelt.*
>
> *(Centurie VIII/28)*

Damit will Nostradamus uns warnen: Hortet keine vermeintlichen Schätze. Sie werden mehr und mehr an Wert verlieren und schließlich völlig wertlos sein.

Man erinnere sich an die Jahre nach dem Zweiten Weltkrieg. Damals sind die Leute mit Gold, mit wertvollen Perserteppichen zu den Bauern gekommen, um sie für ein paar Eier, für ein Stück Brot oder gar für Kartoffeln einzutauschen. Diesmal ist es zuerst noch nicht der Hunger, der uns in eine so schlimme Situation bringen kann, sondern die Wertlosigkeit des Geldes.

Corona hat die Welt verändert. Folgt man Nostradamus, dann wird dieses Virus nicht die einzige Pandemie gewesen sein, die dann für immer vorbei sein wird. Sie dürfte auch nicht mehr der Vergangenheit angehören. Die »Pest«, wie der Prophet die weltumgreifenden Infektionen nennt, wird zum Leben von heute und von morgen gehören. Und wir werden es uns nie wieder leisten können, so gigantische Summen auszugeben, um uns damit vor der Ansteckung zu schützen. Es ist auch nicht auszuschließen, dass Viren in dem einem oder anderen Land bewusst verändert und dann auf die Menschheit losgelassen werden. Das wäre dann der neue Krieg, bei dem immer wieder vom Einsatz von Würmern und Schlangen, also von Organen und Giften gesprochen wird. Irgendwie ist alles aus den Fugen geraten. Junge Burschen und Mädchen, die heute mit großem Elan in ihren Beruf einsteigen und ihre ganze Tüchtigkeit ausspielen, sind an jedem Monatsende aufs Neue enttäuscht, wenn sie ihre Gehaltsabrechnung bekommen. Sie haben noch mehr geleistet, doch die Steuern haben alles aufgefressen. Der Versuch, einen Rückhalt aufzubauen, die Zukunft zu sichern, muss kläglich scheitern. Wenn diese jungen Leute dann zusehen müssen, wie der Staat mit Hunderten Milliarden um sich wirft, ist das Risiko, dass sie ihren Job aufgeben oder gar verzweifeln, riesengroß.

Wenn unser Geld in Kürze wertlos geworden ist, wird man kein neues Geld mehr drucken. Man wird auch keine Gold- und Silbermünzen mehr horten können, sondern bestenfalls noch eine Kreditkarte besitzen.

Der große Missbrauch des Propheten

Wie schlimm Michel Nostradamus immer wieder schändlich missbraucht wurde, das zeigt das Schicksal des ausgezeichneten Astrologen und Nostradamus-Experten Karl Ernst Krafft. Er kannte sicher den Fluchvers des Propheten und hätte sich daran halten sollen:

Wer diese Verse liest, der möge sie
reiflich prüfen.
Gottlose und Unwissende sollen sich
nicht damit befassen.
Alle Astrologen, Toren, alle Barbaren
sollen sich fernhalten.
Wer sich nicht daran hält, der sei nach
heiligem Ritus verflucht.

(Centurie VI/101)

Krafft wurde der große astrologische Ratgeber Adolf Hitlers. Propagandaminister Joseph Goebbels bekam 1939 einen Brief von ihm. Darin warnte Krafft Hitler, am geplanten Treffen im Münchner Bürgerbräu-Keller teilzunehmen, weil es dort zu einem heftigen Anschlag kommen werde. Goebbels hat daraufhin Hitler gewarnt, der die Veranstaltung vorzeitig auch verließ, kurz bevor die versteckte Zeitbombe am 8. November 1939 explodieren konnte. Der Bürgerbräu-Keller, einst hinter dem Gasteig gelegen, war seit den frühen 20er-Jahren das Stammlokal der Münchner Nazis. Sieben Personen wurden bei diesem Anschlag getötet, 63 zum Teil schwer verletzt.

Krafft wurde daraufhin verhaftet, weil man ihn für den Anführer des Anschlags hielt. Er konnte sich aber rechtfertigen und Goebbels erklären, dass er als Astrologe und Nostradamus-Experte den Anschlag vorhergesehen hatte. Daraufhin wurde Krafft nach Berlin geholt. Er bekam in der Reichskanzlei ein Büro eingerichtet und wurde mit der Aufgabe betraut, Hitler zu beraten. Der Reichskanzler und von allem Rudolf Hess hatten sich früher schon viel mit Nostradamus befasst. Sie übernahmen später Begriffe aus seinen Prophezeiungen, etwa den Namen »Großdeutschland«. Sie ließen auch die Prophezeiungen neu drucken – zum internen Gebrauch.

Die Einstellung von Krafft war für Hitler ein Glücksgriff. Der Astrologe errechnete den Tag, an dem die deutschen Truppen in Polen einmarschierten. Es war der Tag mit einem großen Glückszeichen am Sternenhimmel. Er setzte den Tag fest, an dem die deutschen Truppen über Belgien und Holland in Frankreich einfielen. Jupiter stand gradgenau auf Hitlers Sonne. Hitler richtete sich genau nach seinen Angaben und hatte damit die ersten großen Erfolge. Goebbels ließ millionenfach Vorhersagen des Nostradamus, die Krafft zusammengestellt hatte, über Frankreich abwerfen mit der Aufforderung: Gebt den Kampf auf. Euer eigener Prophet hat vorhergesagt, dass ihr diesen Krieg verlieren werdet. Großbritannien sah sich in dieser Situation gezwungen, einen Freund von Krafft, zu engagieren, der ebenfalls Nostradamus-Verse sammeln musste, damit auch diese über Frankreich abgeworfen werden konnten mit der Zusicherung: Am Ende werden Frankreich und England siegen. Für diese Aufgabe soll der Secret Service Millionen ausgegeben haben. Das war auch nötig. Dieser Astrologe kannte Krafft so gut, dass man von ihm erfahren konnte, was er Hitler raten wird. Damit konnte man ihm zuvorkommen. Nostradamus hatte angekündigt:

Wie oft wird die Sonnenstadt
erobert!
Wie oft ändern sich die barbarischen
und nutzlosen Gesetze!
Dein Unheil naht. Du musst
noch mehr Tribut zahlen, wenn der
große Hadrie dich erneut zur Ader lässt.

(Centurie I/8)

Hadrie ist der Name, der bei Nostradamus immer wieder für Hitler verwendet wird. Das war einer der Verse, die Krafft herausgesucht hatte, um die Franzosen zur Aufgabe des Krieges zu überreden.

Ein anderer Vers, der das Schicksal des alten französischen Kriegshelden Marschall Pétain beschreibt:

Der alte Chef wird zum Trottel.
Er ist zu degeneriert, um Einsicht
zu haben oder kämpfen zu können.
Der Chef Frankreichs wird von
seiner Schwester gefürchtet.
Das Land wird geteilt, den
Soldaten überlassen.

(Centurie I/78)

Im Juni 1940 wurde Pétain zum »Chef Frankreichs«, wie er sich selbst nannte. Er hat versucht, mit Hitler zusammenzuarbeiten, um Frankreich vor dem völligen Untergang zu retten. Der Süden Frankreichs blieb im Zweiten Weltkrieg immerhin frei von deutschen Truppen. Hitler, so könnte man sagen, hatte Krafft nun doch sehr viel zu verdanken. Doch dann kam die große Wende. Als Krafft erfuhr, dass Hitler den Krieg gegen Russland vorbereitet, warnte er ihn. Er verwies auf Verse des Nostradamus, die den Sieg Russlands ankündigten. Die Folge dieser Warnung: Krafft verlor nicht nur seinen Posten in der Reichskanzlei. Man steckte ihn in ein KZ. Dort verstarb er am letzten Tag des Krieges an einer Krankheit. Die Astrologie wurde verboten, alle Schriften, die sich damit befassten, verbrannt. Die merkwürdige Begründung lautete: »Wegen der Vorwegnahme der Ereignisse«.

Die Prophezeiungen des Nostradamus wurden verboten und verbrannt. Niemand sollte darin finden, was Hitler weiterhin vorhat. Nostradamus hat das vorhergesehen:

Die Schriften des großen Propheten
werden beschlagnahmt.
Sie geraten in die Hände des Tyrannen.
Seine Unternehmungen beruhen auf
Trugschlüssen.
Seine Raubzüge werden ihn schnell
um den Verstand bringen.

(Centurie II/36)

Genauso ist es dann auch gekommen. Kein schmeichelhaftes Urteil des Propheten über seinen Interpreten. Krafft musste als guter Astrologe und Nostradamus-Interpret wissen, dass der Prophet den »Führer« hinter Napoleon als den zweiten Antichristen bezeichnet hatte, als jenen, der in Grau und Braun über die Nachbarstaaten herfallen und wie einst Nero die Juden verfolgen würde, der Unheil über die ganze Welt bringen und dann schändlich scheitern wird. Nostradamus sah auch das klägliche Ende Hitlers:

Großdeutschland einverleiben wird er
Brabant, Flandern und Genf,
Brügge und Boulogne.
Der Mann des falschen Burgfriedens,
der große Führer aus Armenien,
wird Wien und Berlin bestürmen.

(Centurie V/94)

Damit schildert Nostradamus die Feldzüge Hitlers. Den Nichtangriffspakt, den er mit Stalin abgeschlossen hatte, sowie die Eroberung der größten Städte in Österreich und Deutschland am Ende des Weltkriegs.

Schließlich hat er auch noch das Ende von Adolf Hitler geschildert: Er wird im Bunker in Berlin Eva Braun heiraten und danach seine

Frau und sich erschießen. Danach werden die beiden mit Benzin übergossen und verbrannt:

Zwei werden auf dem Pflaster gegrillt.

(Centurie VI/65)

Wer war Nostradamus?

Die Vorfahren seines Vaters gehörten zum jüdischen Stamm Isaschar. Aus ihm ist eine ganze Reihe der alttestamentarischen Propheten hervorgegangen, sodass man sagen kann, dass es von Jesaja, Jeremias und Malachias bis zu Nostradamus eine direkte »Blutsverwandtschaft« zu Letzterem gab. Als Prophet war er also erblich vorbelastet. Erst sein Großvater ließ sich taufen. Und weil diese Taufe in einer Kirche de Notre-Dame vollzogen wurde, nannte sich die Familie fortan de Notredame, der Zeitmode entsprechend lateinisch Nostradamus.

Die Mutter Renée stammte aus dem sehr vornehmen Haus de St. Remy, das ebenfalls viele große Gelehrte hervorgebracht hat. Von dieser Seite hat Michel Nostradamus aber noch ganz andere Vorlieben und Neigungen mitbekommen, nämlich die zu den Sternen. Der Großvater Johann de St. Remy hat ihm die Astronomie und die Astrologie beigebracht, die Gesetze des Himmels erklärt und ihn wissen lassen, was man aus den Konstellationen der Planeten als Charakteranalyse und Zukunftsdeutung herauslesen kann.

Man nannte Gelehrte, die diese Kunst beherrschten, damals Mathematiker, weil doch sehr umfangreiche und exakte Berechnungen zur Bestimmung der Umlaufbahnen nötig waren. Es gab noch keine Ephemeriden (Positionswerte in einem Koordinatensystem), in denen man die Sternenstände hätte finden können. Alles musste man noch selbst berechnen. Auch waren Astronomie und Astrologie noch nicht voneinander getrennt, wie das heute der Fall ist.

Die Zeit, in die Nostradamus geboren wurde, war wohl die schlimmste, die Europa bisher erleben musste. Das Mittelalter ging zu Ende. Er war 11 Jahre alt, als Amerika entdeckt wurde, 14 Jahre alt, als Martin Luther seine 95 Thesen an die Schlosskirche in Wittenberg heftete und damit die Reformation, aber gleichzeitig auch die große Spaltung der christlichen Kirche einleitete.

In Deutschland wüteten die Bauernkriege (1525). Die Türken eroberten Belgrad (1526) und standen 1529 vor Wien. Frankreichs König Franz I. verbündete sich sogar mit den Türken gegen Kaiser Karl V. (1536), und dieser marschierte in Italien gegen den Papst ein und verwüstete und plünderte Rom (1527/28). Die Menschheit musste einsehen, dass unsere Erde nicht den Mittelpunkt der Welt darstellt, sondern nur ein winziger Ort am Rande der Schöpfung ist.

Es war eine schreckliche Zeit. Und Michel Nostradamus sah vorher, das alles noch weit schlimmer kommen wird. Er warnte vor dem 25-jährigen Krieg, den in Deutschland nur ein Drittel der Bevölkerung überleben würde.

Und dann warnte er uns sogar heute: Je intensiver man sich mit Nostradamus befasst, umso mehr muss man davon überzeugt sein, dass er seine über tausend prophetischen Verse vor allem für uns heute geschrieben hat. Er selbst wusste:

> *500 Jahre lang wird man von dem, der eine*
> *Zierde seiner Zeit war, nicht gerade viel halten.*
> *Doch dann plötzlich wird große Klarheit herrschen.*
> *Man wird in jenem Jahrhundert sehr glücklich darüber sein.*
>
> *(Centurie III/94)*

Die 500 Jahre seit seiner Geburt sind gerade vorbei.

Vom Pestarzt zum Propheten

Mit Hellsehen, in die Zukunft blicken, mit Astrologie und dergleichen hatte der junge Michel Nostradamus zunächst wohl wirklich nicht viel zu tun. Er wollte ein ganz normaler Arzt werden, heiratete und bekam zwei Kinder.

Doch das Schicksal schlug gnadenlos zu, wie es heftiger nicht hätte sein können: Seine Frau und die beiden Kinder wurden krank und starben am selben Tag, noch bevor Nostradamus hätte eingreifen können. Vermutlich handelte es sich um Diphtherie, eine damals noch völlig unbekannte Viruserkrankung.

Das Glück war jäh zerbrochen. Die Bürger von Agen mieden nun ihren Arzt. Wie sollten sie ihm weiterhin vertrauen, wenn er nicht einmal der eigenen Familie helfen konnte? Schnell vergessen war sein vorheriger Erfolg gegen die Pest.

Nostradamus blieb nichts anders übrig. Er schloss seine Praxis und machte es wie einst sein Zeitgenosse Paracelsus: Er sattelte sein Pferd und begab sich auf Wanderschaft quer durch Europa. Er wollte fremde Kulturen und deren Weisheiten kennenlernen, sammelte medizinische Rezepte und ließ sich von Ärzten, Magiern und Kräuterfrauen ihre Arbeitsweisen zeigen.

Er kam durch ganz Italien und auch nach Griechenland, wo ihn vor allem das Orakel von Delphi interessierte: Der eiserne Dreifuß, auf dem die Seherin saß, ihren Rauschzustand am Rande einer Erdspalte, aus der giftige Dämpfe strömten – das alles übernahm er später, um seine hellseherischen Fähigkeiten noch zu verstärken. Auch er setzte sich auf den eisernen Dreifuß, der in dem mit Wasser gefüllten Bottich stand. Er träufelte Schwefel und Gifte in das Wasser und kam so in Trance. Dann notierte er das, was er gesehen hatte. Am nächsten Morgen, wenn er sich wieder »entschwefelt« fühlte, nahm er sich die Aufzeichnungen vor, um mit Hilfe der Astrologie zu überprüfen, wann das, was er in Trance gesehen hatte, stattfinden würde.

Seine Reise durch Europa wurde dann aber abermals jäh unterbrochen. In Südfrankreich, vor allem in der Provence, brach erneut die Pest aus. In der großen Not erinnerte man sich an den jungen Nostradamus, der schon einmal helfen konnte. Man schickte Boten nach Italien, um ihn aufzuspüren und heimzuholen.

Drei Jahre lang, von 1546 bis 1548, kämpfte er daraufhin als Stadtarzt von Aix gegen den »Schwarzen Tod«. Danach hatte er die Pest zum zweiten Mal besiegt.

Nostradamus wurde 1556 vom französischen König Heinrich II. nach Paris gerufen. Die treibende Kraft dahinter war Königin Katharina von Medici, die später ihre schützende Hand über ihn hielt und dafür sorgte, dass er nicht in die Hände der Inquisition fiel.

Katharina wollte sicherlich nicht nur den Arzt konsultieren, sondern auch den Seher. Inzwischen hatte Nostradamus nämlich seine zweite Karriere entdeckt und sich als Prophet hervorgetan. Er warnte Katharina von Medici: Der König darf an keinem Turnier teilnehmen, sonst kommt es zu einem Unfall, der ihm den Tod bringen wird:

Der junge Löwe überwindet
den alten.
Im Turnier beim Einzelwettkampf.
Durch das goldene Visier
sticht er ihm die Augen aus
im dritten Waffengang.
Er stirbt dann einen grausamen Tod.

(Centurie I/35)

Mit dieser Darstellung in der Centurie 1/35 schilderte Nostradamus das Schicksal des Königs genau so, wie es dann auch passierte. Katharina von Medici hatte diesen Vers gekannt und verbot ihrem Mann daraufhin die Teilnahme an einem Turnier. Zunächst hielt er sich daran, doch nach einem Turnier, am Hochzeitstag seines Sohnes, ließ er sich dann doch zu einem Wettkampf mit dem Engländer Comte de Montgomery hinreißen. Beim dritten Zusammenprall brach die Lanze seines Gegners und drang tief in den Kopf des Königs ein. Heinrich II. litt zehn Tage lang und verstarb am 10. Juli 1559, genauso wie Michel Nostradamus es angekündigt hatte.

Damit war der Arzt nun auch als Prophet berühmt geworden. Katharina von Medici hat in der folgenden Zeit immer wieder nach Nostradamus gerufen. Sie reiste mit allen ihren Kindern einmal zu ihm in den Süden, um deren Gesundheit überprüfen zu lassen und um zu erfahren, was einmal aus ihnen werden wird.

Nostradamus hat seine tausend prophetischen Verse verfasst und zusammengestellt. Ursprünglich waren seine Vorhersagen in Versform zeitlich und zusammengehörend geordnet. Doch der Prophet bekam große Zweifel, ob er sie so veröffentlichen darf. Er riss sie also auseinander und ordnete sie nach einem geheimen Schlüssel neu. Dieser Schlüssel konnte bis heute nicht gefunden werden. Nostradamus war sich sicher: 500 Jahre nach der ersten Veröffentlichung seiner »Centurien« würde dieser Schlüssel gefunden werden. Die Zeit ist heute abgelaufen. Es wäre also Unsinn gewesen, früher danach zu suchen. Alle Versuche sind entsprechend gescheitert. Man musste also bis heute die zusammengehörenden Verse nach wie vor suchen.

Nostradamus muss auch um das zähe Ringen seiner Interpreten gewusst haben, ebenso um seinen Tod. Als er am 1. Juli verstarb, fand man ein Notizbuch, in dem er hinter diesem Datum ein Kreuz gezeichnet hatte mit den Worten: »hic mors prope est«, hier wird mir der Tod nahe sein. Von einem Freund verabschiedete er sich mit den Worten: »Bei Sonnenaufgang wirst du mich nicht mehr am Leben finden«. Nostradamus war an einem Herzinfarkt gestorben. Er wollte wohl noch aufstehen, brach aber auf der Bank vor seinem Bett zusammen.

Genauso hatte er auch seinen Tod beschrieben:

Zurückgekehrt lege ich des Königs Gabe nieder.
Die Arbeit ist vollbracht. Ich gehe zu Gott.
Es kommen Verwandte, Freunde, Blutsbrüder.
Auf einer Bank bei meinem Bett werde ich gefunden.

Nostradamus und England

Hier nun ein Beispiel, das aufzeigt, wie einmalig genau Nostradamus die Zukunft vorhersagen konnte. So schilderte er, wie die Engländer ihren König auf dem Schafott hinrichten würden. Das war 1649, fast 100 Jahre nach seinem Tod:

> *Göttliches Unheil überkommt*
> *Den großen Prinzen*
> *kurz bevor er seine Frau heiratet.*
> *Seine Macht und sein Ansehen*
> *schwinden plötzlich.*
> *Der Rat beschließt seinen Tod*
> *für den rasierten Kopf.*
>
> *(Centurie I/88)*

Hier schildert Nostradamus das Schicksal des britischen Königs Karl I., der nicht anerkennen wollte, dass seine Herrschaft durch ein Parlament eingeschränkt wird. Um das Jahr 1625 begann der große Konflikt mit den »roundheads«. Es kam zum Krieg, den er verlor. Sein Gegner war der weltberühmt gewordene Oliver Cromwell, der keine Perücke mehr trug, sondern sich die Haare kurz schneiden ließ. Er zwang das Parlament, den König zu enthaupten. In einem späteren Vers dazu wird Nostradamus auch das Jahr 1649 nennen, in dem das geschah. Die Hinrichtung des Königs schildert Nostradamus, als wäre er dabei gewesen:

> *Die Festung an der Themse*
> *ist der Schauplatz*
> *für Gefangenschaft und Tod*
> *des Königs.*
> *Auf der Brücke wird er im*
> *Hemd gesehen.*

Ein Todgeweihter.
Er wird in
Die Festung gebracht.

(Centurie VIII/37)

So wurde der König seinerzeit hingerichtet. Man hatte vor dem Schloss Windsor Castle ein Podest errichtet mit einer Holzbrücke zum Schlossfenster. Über diese Brücke musste der König zum Schafott gehen. Doch welcher König? Und in welchem Jahr? Das wird noch kommen. Zuerst nennt der Prophet nur ungefähr die Zeit: Probleme in Holland und die Folgen für England:

Gent und Brüssel marschieren
gegen Antwerpen.
Der Senat von London verurteilt
seinen König zum Tode.
Salz und Wein bereiten Probleme,
weshalb im Königreich die Anarchie herrscht.

(Centurie IX/49)

In den Niederlanden tobte der Endkampf gegen die spanische Herrschaft. Entsprechend funktionierte der Handel mit England nicht mehr. Das war der Anlass für Cromwell, den König loszuwerden. Nicht genug damit. Nun folgt ein Vers, der die »Bestrafung« Londons für die Hinrichtung des Königs schildert:

Das Blut des Gerechten wird
zum Schicksal Londons.
Durch zwanzig Blitze verbrennt die
Stadt, wenn dreimal die Sechs steht.
Die alte Dame stürzt aus ihrer
hohen Position.

*Mehrere von derselben Religion
werden getötet.*

(Centurie II/51)

Im Jahr 1666, dem Jahr mit den drei Sechsen, wurde London von einer der schlimmsten Katastrophen heimgesucht. Die Pest herrschte, und es kam zu einer schrecklichen Brandkatastrophe, die halb London noch mehr zerstörte. Dabei stürzte eine Kirche ein und begrub viele Gläubige unter den Trümmern. Und noch nicht genug damit: Im nächsten Vers schildert Nostradamus nun den Aufstieg Englands zur Großmacht Großbritannien und den Beginn des Zweiten Weltkriegs auf das Jahr genau:

*Siebenmal wird man erleben,
dass das britische Volk sich verändert
innerhalb von 290 Jahren,
seitdem es sich mit Blutbefleckte.
Frankreich ist nicht gewappnet
gegenüber dem
deutschen Bollwerk.
Der Widder sorgt sich um
seinen Bastarner Pol.*

(Centurie III/57)

Nostradamus schildert die Entwicklung Englands zur führenden Macht der Erde – und das Ende seiner Vormachtstellung mit dem Ausbruch des Zweiten Weltkriegs. Jetzt erfahren wir auch, welcher König auf das Schafott steigen musste: Nostradamus spricht vom Beginn des Zweiten Weltkriegs im Jahre 1939. 290 Jahre vorher ist König Karl I. enthauptet worden. Der Zweite Weltkrieg begann 1939 mit dem Überfall der deutschen Truppen auf Polen. England aber hatte den Polen versprochen, man werde dem Land beistehen, sollte Deutschland angreifen.

Dass hier wirklich Polen gemeint ist, ergibt sich aus dem Hinweis Bastarner Pol doppelt: Der »Widder« ist für Nostradamus immer das deutsche Volk. Die Bastarner waren ein germanischer Stamm, der an der Weichsel, also in Polen beheimatet war. Wer es immer noch nicht begriffen hatte, wurde mit dem Wort Pol, also Polen, noch einmal versichert.

England musste alle seine Kolonien in die Freiheit entlassen. Die USA traten an die Stelle Englands als führende Weltmacht.

Er kannte viele mit Namen

Michel Nostradamus sah nicht nur wichtige Ereignisse wie Kriege, Naturkatastrophen, Hungersnot und dergleichen mehr voraus, und das immer wieder auch mit genauen Zeitangaben. Er nannte sogar viele Persönlichkeiten, die erst Jahrhunderte nach ihm zur Welt kamen, mit ihrem Namen. Er schilderte ihr Auftreten, als wäre er direkt mit ihnen zusammen gewesen. Und er benutze nicht selten Begriffe, wie etwa »das Journal«, die weit nach seinem Tod erst eingeführt wurden. Er hat mit seinen Vorhersagen also nicht einfach etwas spekuliert, was kommen könnte, sondern beschrieb Ereignisse wie ein Reporter, der sie gerade erlebt. Dazu ein paar Beispiele:

Er schilderte den Bürgerkrieg in Spanien so:

Ein Jahr vor dem Krieg zwischen Italien,
Deutschland gegen Frankreich,
kämpft man in Spanien um die Macht.
Das Schulgebäude der Republik
wird einstürzen.
Mit Ausnahme von wenigen werden alle
ersticken und sterben.

(Centurie II/39)

Der Bürgerkrieg in Spanien, kurz vor dem Zweiten Weltkrieg, war für die deutsche Wehrmacht der große Trainingslauf. Vor allem die Luftwaffe half dem »Generalissimus« Francisco Franco, die Republik wieder abzuschaffen und das ganze Land zu zwingen, wieder zur Monarchie zurückzukehren. Die Grausamkeit dieses Krieges schildert der Prophet mit dem eingestürzten Schulgebäude. Sodann nennt er auch den Namen des Mannes, der den Krieg ausgelöst hat: Francisco Franco, und dazu gleich einen zweiten, der an seiner Seite maßgebend am Ausbruch des Krieges beteiligt war: Francisco Franco und Primo de Rivera:

Franco geht aus der Junta von Kastilien hervor.
Dem Botschafter kann das nicht gefallen.
Er versucht die Spaltung.
Die Anhänger Riveras halten zu ihm.
Sie verweigern dem großen Unheilstifter den Zutritt.

(Centurie IX/16)

Franco und Primo de Rivera, der Gründer der Falangisten, haben den Bürgerkrieg ausgelöst. Dazu nennt Nostradamus die Gegend, in der der Krieg ausbrechen wird: im spanischen Kastilien. Mithilfe der deutschen Truppen hat Franco die Republikaner besiegt, viele Jahre selbst das Land regiert und dann den König von Spanien wieder eingesetzt.

Ein anderes Beispiel: Jean-Jacques Rousseau, der im 18. Jahrhundert den Verfall der menschlichen Kultur geißelte, ist als Wegbereiter einer neuen Gesellschaft misssbraucht worden. Es kam zum großen Aufruhr, zu Hinrichtungen und Verschwörungen:

Man kommt zu spät. Die Hinrichtung ist vollzogen.
Der Wind schlägt um.
Dokumente werden veröffentlicht.
Die 14 Verschwörer gehören einer Partei an.

Das ganze Unternehmen ist
von Rousseau ausgegangen.

(Centurie I/7)

Zur Zeit des Nostradamus waren Muslime und Juden in Spanien noch geduldet. Die geschickten Handelsleute waren über das ganze Land verteilt. Doch ab dem Jahr 1610 verfolgte Gonsalvo Fernandez de Corduba im Auftrag von König Philipp II. Juden und Muslime. Sie mussten sich taufen lassen oder das Land verlassen, setzten sich aber heftig zur Wehr. Corduba hat sich also nicht an den bestehenden Vertrag gehalten.

Von den Gegenden des großen
Flusses Quadalquivir
wird das Kreuz weit durch
Spanien zum Königreich Granada
von den Mohammedanern
zurückgeschlagen.
Einer von Corduba verrät den Vertrag.

(Centurie III/20)

Der französische Chemiker Louis Pasteur (1822–1895) entdeckte aufs Neue, dass Fäulnis und Infektionen durch Mikroorganismen ausgelöst werden. Und er konnte das wissenschaftlich beweisen: Er fand heraus, dass diese durch Erhitzen getötet werden können. Das war eine der wichtigsten Entdeckungen – oder Wiederentdeckungen – der Medizin. Richtig ist auch, dass Pasteur lange und heftig von Uneinsichtigen bekämpft wurde. Seine Entdeckung fiel mit dem Ende des Mondzyklus 1889 zusammen:

Was ein so langes Jahrhundert
lang verloren, verborgen war,
wird wiedergefunden.

Pasteur wird wie ein Halbgott
verehrt. Das geschieht, wenn der
Mond seinen großen Zyklus vollendet.
Durch andere »Alte« wird er entehrt.

(Centurie I/25)

Michel Nostradamus kannte auch den Namen des amerikanischen Präsidenten Roosevelt und seine Rolle, die er im Zweiten Weltkrieg gespielt hat. Er spricht von der »Rose der Welt«, deren Familie ursprünglich aus der Gegend von Griechenland in die USA gekommen war. Er wollte, dass die USA mit ihrem Eingreifen den Krieg beenden. Doch die USA zögerten bis zum Überfall der Japaner auf die Kriegsschiffe in Pearl Harbor. Dass es dazu kommen konnte und er davon wissen musste, haben die Amerikaner ihrem Präsidenten nie verziehen:

Aus Griechenland stammt der
Chef der Weisheit,
der jetzt die Rose der Welt ist.
Weil die Flotte und damit die
Überlegenheit vernichtet wird, wird
er geschmäht, die Katastrophe
ihm angelastet.

(Centurie V/31)

Nostradamus hat auch den italienischen Diktator Beni-Benito Mussolini gekannt und seine Rolle im Zweiten Weltkrieg: »wenn man die Inschrift D.M. finden wird …« und: »wird der Duce begraben«. (Centurie VIII/68) Als Mussolini in Italien an die Macht kam, schmierten seine Faschisten das D.M. an die Hausmauern: Duce Mussolini.

In vielen Fällen hat Nostradamus die Namen von besonders schlimmen Herrschern so verändert, dass jeder Leser sofort wusste, dass dieser nur Unheil über die Welt bringen wird. Er hat sie alle mit Namen gekannt, diese Namen aber so verändert, dass man um das Unheil wusste, das von diesen Machthabern ausgehen wird. So nannte er Napoleon mit dem ähnlich klingenden griechischen Wort: nyappolyon, der Zerstörer.

Er wird einen so schlimmen Namen tragen,
als hätten ihn die drei
Schicksalsschwestern benannt
…

(Centurie I/76)

Für Adolf Hitler hatte er viele Namen. Einmal war er für in Hadrie. Der Mann, der noch schlimmer ist, als Kaiser Hadrian es war: »Hister, der vom Inn kommt, Nero und so weiter …«.

Joseph Goebbels beschreibt er als die »rabiate Zunge, die sich Zunge, Fleisch und Knochen röstet …« Goebbels beging Suizid samt seiner gesamten Familie mit Gift, vielleicht erschoss er sich außerdem auch, und wurde später verbrannt.

1000 Jahre Frieden

Warum so unendlich viel Not, Tod, Mord, Seuchen und Elend? Und das so programmiert und unveränderlich festgelegt, dass ein Prophet es schon vor 500 Jahren sehen und es auf unsere Tage hin anwenden konnte? Welchen Sinn soll das alles haben? Ist die Menschheit etwa für immer gescheitert? Oder umgekehrt gefragt: Stehen wir vor dem großen Untergang, weil wir immer wieder nur gescheitert sind? Das Risiko, dass die Menschheit sich auslöscht, ist nicht gerade kleiner geworden.

Es finden sich aber uralte »Erinnerungen« daran, dass es auf unserer Erde davor auch schon Hochkulturen gegeben hat, wie etwa das alte Atlantis, und das war wohl auch nicht die einzige.

Den Kontinent Atlantis soll es im Atlantik gegeben haben. Etwa 12 000 vor Christus zerbrach er durch das Versagen der Bevölkerung in drei Inseln, im Jahr 1000 vor Christus ging er durch die unstillbare Gier der Bevölkerung nach noch mehr Wohlstand unter. Die Bewohner von Atlantis dürften wohl in etwa unseren jetzigen Entwicklungsstand erreicht haben. Es soll dort »Autos« gegeben haben, die keine Räder hatten, sondern über dem Boden schwebten. Angeblich existierte auch ein Riesenkristall, der die nötige Energie lieferte. Dieser wurde im steigenden Bedarf immer höher eingestellt, bis er schließlich explodierte und die drei Inseln im Meer versinken ließ.

Die letzten Überlebenden der großen Katastrophe fanden Zuflucht in Mittelamerika, andere in Ägypten. Beide haben Pyramiden gebaut und diese mit demselben Namen bezeichnet. Vieles spricht dafür, dass die Kurden, ursprünglich auch auf Atlantis daheim, in Südfrankreich und in Nordspanien eine neue Heimat fanden.

In der Zeit von 4000 bis 2000 vor Christus gelang der Menschheit im Orient mit Abraham und Moses auf unserer Erde ein großer Sprung zum Besseren hin: Das Gesetz kam in die Welt, das die Kleinen gegen die Großen schützen sollte. Im Zeitalter des Stiers zuvor hatte es noch Menschenopfer gegeben. Vor allem die Schönsten und Besten lebten noch mit dem großen Risiko, den Göttern geopfert zu werden.

Das war nach der Prüfung Abrahams durch seinen Gott Jahwe vorbei. Er sollte gerade den einzigen Sohn opfern, als im letzten Augenblick der Ruf Gottes erschallte: Halte ein! Opfere den Widder, der sich da unten im Strauch verfangen hat.

Als Moses die Zehn Gebote vom Berg Sinai brachte, hatte sein Volk letztmalig einen neuen Stier geformt und angebetet.

Vor 2000 Jahren hat Jesus das Widder-Zeitalter abgelöst. Es begann das Fische-Zeitalter. Die Nächstenliebe, dann sogar die Feindesliebe, sollten das alte Gesetz »Auge um Auge, Zahn um Zahn« für immer ablösen. Die ersten Christen in der Zeit ihrer Verfolgungen haben das Haus, in dem sie wohnten, mit einem Fisch gekennzeichnet, um damit anzuzeigen, dass hier ein Christ wohnt.

Kurz: Jedes 2000 Jahre dauernde Zeitalter hat unsere Welt um ein gutes Stück verbessert. Nur: Die Menschheit hat sich nicht daran gehalten. Die Kriege wurden immer noch schrecklicher. Nun befinden wir uns also im Zeitalter des Wassermanns, das wiederum 2000 Jahre dauern wird. Was können wir erwarten? Gibt es überhaupt nach dem Gesetz und der Liebe noch eine Steigerung?

Auch das hat Michel Nostradamus gewusst und beschrieben: Die Menschheit steht unmittelbar vor dem großen zweiten Evolutionssprung:

Das göttliche Wort wird das
Stoffliche lehren,
Himmel, Erde, auch Okkultes
und Mystisches zu begreifen.
Körper, Seele und Geist verfügen
über alle Fähigkeiten.

Sie haben so viel unter den Füßen,
als wären sie schon im Himmel.

(Centurie III/2)

Wir stehen also unmittelbar vor dem Augenblick, in dem sich die Menschheit vervollkommnen wird. Das kann nur in der Zeit der unvorstellbaren Katastrophe geschehen, weil wir ohne sie nicht dazu gezwungen würden. Die Menschheit wird über sich hinauswachsen und dann über alle Fähigkeiten verfügen. Blicken wir noch einmal auf unsere menschliche Entfaltung zurück, wobei uns der berühmte französische Jesuitenpater Pierre Teilhard de Chardin, der große Paläontologe, den richtigen Weg gewiesen hat:

> *Eine ganze Milliarde lang gab es auf unserer Erde nur einzellige Pflanzen als das erste Leben. Doch als ihr Lebensraum erschöpft war, fand sich nur noch eine Möglichkeit: Die Einzeller mussten sich zu Organismen zusammenschließen und damit weiterentwickeln. Es entstanden immer noch mehr verschiedene Pflanzen.*

Das war der erste Evolutionssprung. Beim zweiten entstand neben der Pflanzenwelt die Tierwelt. Die Tiere waren nicht mehr im Boden verhaftet. Sie konnten sich fortbewegen und Laute von sich geben, sich lieben und hassen. Als die Tiere sich weit genug entwickelt hatten, kam es zum großen dritten Evolutionssprung: Der Mensch verabschiedete sich aus dem Tierreich mit der Fähigkeit, sprechen, denken, schreiben, planen und organisieren zu können. Nun stehen wir also dicht vor dem großen vierten Evolutionssprung: Der Mensch kann nicht länger ein Einzelwesen bleiben. Er muss sich mit allen anderen Menschen zum Organismus Menschheit zusammenfinden. Die riesige Not im Dritten Weltkrieg wird uns dazu zwingen, weil wir sonst keine Überlebenschance mehr hätten.

Nostradamus hat uns versprochen: Ihr werdet keinen Propheten mehr brauchen, weil Ihr selbst in die Zukunft blicken könnt. Entsprechend hat er selbst auf Prophezeiungen nach unserer Zeit verzichtet. Das Einzige, was er noch andeutet, ist der 1000-jährige Friede auf der Welt. Es kann keinen Krieg mehr geben, weil jeder von uns schon die

Pläne kennen und damit verhindern könnte, dass sie verwirklicht werden. Niemand wird mehr lügen oder etwas verschweigen können, weil jeder Einzelne auf dieser Welt umgehend weiß, dass es die Unwahrheit ist. Was einer in China denkt, das weiß auch jeder andere in Kalifornien und in Südamerika.

Der britische Biochemiker Rupert Sheldrake hat uns beigebracht, dass unsere Seele heute schon versteht, was echt und unecht ist. Wenn ich heute auf der Straße meiner Nachbarin begegne, sie freundlich grüße, dabei aber denke: »Muss diese dumme Tante mir schon am frühen Morgen begegnen!«, dann sollte ich wissen, dass ihre Seele das verstanden hat. Sie wird mir fortan aus dem Weg gehen, ohne genau zu wissen warum. Doch ihre Seele hat meine abfällige Bemerkung begriffen, auch wenn sie meine Gedanken noch nicht lesen konnte. Wir sind inzwischen also auf dem Weg, die Stimme der Seele zu vernehmen. Und allein das wird deutlicher und beherrschender werden und dann uns alle daran hindern, einander etwas vorzumachen. Der Einzelne ist dann in den Organismus Menschheit eingebunden. Der neue Mensch wird sich von uns Menschen heute noch deutlicher unterscheiden, als wir uns heute vom Tier unterscheiden.

Wir werden einander verstehen, ohne es aussprechen zu müssen. Es kann nicht mehr passieren, dass wir an den falschen Partner, die falsche Partnerin geraten. Wir kennen einander doch in allen Einzelheiten.

Wir werden damit allerdings auch ein ganz neues Miteinander lernen müssen. Denn wenn wir nicht mehr miteinander sprechen können, weil jeder schon weiß, was ich sagen will, und auch schon meine Antworten kennt, bevor sie ausgesprochen werden, wenn wir dieselben Träume haben, dürfen wir nicht nebeneinander einfach verstummen. Das Nicht-mehr-reden-Können wird zur ersten und wichtigsten Aufgabe gehören.

Die Welt wird sich grundlegend verändern. Es wird keine Krankheit mehr geben. Wenn doch, brauche ich keinen Arzt. Ich kann mich selber heilen. Ich muss nicht mehr in die Schule gehen und mich ausbilden. Ich weiß von Anfang an alles, bin so perfekt, wie es der berühmte amerikanische Hellseher Edgar Cayce in Trance gewesen ist. Solange er wach blieb, ist ihm überhaupt nichts gelungen. Er hatte die Schule schon in der 6. Klasse verlassen müssen, weil er mehr nicht schaffen konnte. In Trance sprach er alle existierenden Sprachen, kannte alle medizinischen Weisheiten, als hätte er jahrzehntelang Medizin studiert. Wenn jemand seinen Rat brauchte, musste er nur dessen Namen kennen. Dann konnte er ihn sehen, und wäre er auch auf einem anderen Kontinent daheim, und er war auch fähig, ihn zu heilen, wo immer er sich aufhielt.

Wir dürfen davon ausgehen, dass der Mensch nach dem Dritten Weltkrieg im Wachzustand genauso über alle Fähigkeiten verfügt, ohne sich in Trance versetzen lassen zu müssen. Nostradamus verspricht noch mehr:

> *Der Körper ohne Seele wird nicht mehr geopfert.*
> *Der Tag des Todes gestaltet sich zur neuen Geburt.*
> *Göttlicher Geist macht die Seele glücklich,*
> *wenn man das Wort in seiner Ewigkeit sieht.*
>
> *(Centurie II/13)*

Das kann nur heißen: Es gibt keinen Tod mehr. Dem Sterben folgt umgehend das neue Leben. Die Grenze zwischen Diesseits und Jenseits ist aufgehoben. Damit will der Prophet andeuten, dass sich die Seele vom Körper lösen und auf Reisen durch die Welt schweben kann. Sie wird auch ins Jenseits blicken können und dort dem Wort, also Jesus, und dem Heer der schon Vollendeten begegnen können. Wie fantastisch muss es allein sein, den verstorbenen Eltern begegnen zu können. Wir brauchen nicht mehr miteinander zu sprechen.

Es gibt keine Missverständnisse, kein Flehen um Verzeihung, einfach nichts Negatives mehr. Nostradamus schildert das im Vorwort seines Buches an König Heinrich II. so:

> *Es beginnt das Goldene Zeitalter. Gott, der Schöpfer, hört vom Elend seines Volkes und sagt: Satan soll ergriffen, gebunden und in den tiefsten Abgrund der Unterwelt gestürzt werden. Dann beginnt zwischen Gott und den Menschen ein universeller Friede. Etwa 1000 Jahre wird er halten. Die Kirche wird zur höchsten Machtentfaltung gelangen.*

Man könnte also schlussfolgern: Der 27-jährige Krieg, so entsetzlich und verheerend er auch werden mag, gehört zu dem Schlimmsten, das die Menschheit jemals erlebt hat. Er hat aber auch seine gute Seite, weil er uns in die Vollkommenheit, in den 1000-jährigen Frieden, in die menschliche Vollkommenheit zwingt. Wenn wir durch den großen Druck des Krieges, den maßlosen Hunger, die Seuchen und die Verstrahlungen nicht gezwungen wären, diesen großen Sprung zu schaffen, hätten wir keine Überlebenschance. Ohne Krieg könnten wir den Evolutionssprung nicht schaffen. Wir müssten so bleiben, wie wir heute noch sind, mit allen Schwächen und Anfälligkeiten.

Ein Virus wird keinen Tod mehr bringen, keine wirtschaftliche Katastrophe mehr auslösen können. Wir werden es kennen und leichthin besiegen können. Unser Leben wird also vollkommen verändert werden. Wir werden endlich zu Menschen werden, die keinen Ärger, keine Krankheiten und keine Feindschaften mehr zu befürchten haben.

Das Vorwort an Sohn Cäsar

Wer Nostradamus näherkommen will, der muss zunächst seine persönlichen Vorworte kennen. Das erste ist gerichtet an seinen Sohn Cäsar mit der Veröffentlichung der ersten sieben Centurien. Insgesamt sind es 642 prophetische Verse. Die 7. Centurie umfasst nur 42 Verse. Dieses Vorwort hört sich an, als wäre es an jeden von uns gerichtet. Cäsar war 1555 erst zwei Jahre alt. Doch Nostradamus wusste, er würde keine Zeit mehr haben, dem Sohn von Mann zu Mann gegenüberzustehen. Er selbst hatte zu diesem Zeitpunkt nur noch elf Jahre vor sich.

Nostradamus wusste, dass sein Sohn Cäsar kein Prophet werden würde. Doch er wollte nicht, dass seine eigenen Prophezeiungen verloren gingen. Er wusste auch, wie man nach seinem Tod seinen Sohn seiner Texte wegen angreifen würde. Deshalb versuchte er, mit seinen Erklärungen doch noch ein wenig mehr Einsicht zu bieten. Zunächst geht es vor allem um den Versuch, sich und seine Fähigkeiten zu erklären. Lesen Sie dies so, als hätte Nostradamus Sie ganz persönlich damit angesprochen:

Vorwort des
Michel Nostradamus
zu seinen Prophezeiungen
An Sohn Cäsar Nostradamus
Leben und Glück!

Dein spätes Ankommen, mein Sohn Cäsar Nostradamus, hat mich veranlasst niederzuschreiben, was ich seit Langem in regelmäßigen Nachtwachen zusammengetragen habe. Nach dem körperlichen Dahinscheiden deines Vaters sei es dir als Vermächtnis hinterlassen. Was mir durch Gottes Wesenheit und durch astronomische Umwälzungen zur Kenntnis gebracht wurde, soll zum all-

gemeinen Nutzen der Menschheit werden. Weil es dem unsterb-
lichen Gott gefallen hat, dich nicht befähigt mit natürlicher
Erleuchtung auf diese Erde kommen zu lassen – damit ist nicht
dein noch junges Alter gemeint, sondern deine Geburt im Zeichen
Mars, die dich unfähig macht, in deinem schwachen Verständnis
das zu begreifen, was ich gezwungenermaßen nach meinen Tagen
erklären müsste: Deshalb ist es nur möglich, dir schriftlich zu hin-
terlassen, was vom Zahn der Zeit unerkenntlich gemacht wird.
Das Schlüsselwort zu den okkulten Prophezeiungen bleibt aller-
dings in meinem Innern verschlossen.

Schonungslos weist Nostradamus seinen Sohn darauf hin, dass er
keine übersinnlichen Fähigkeiten mitbekommen hat. Offenbar hat er
das in dessen Horoskop gelesen. Er wird ihn später auch auffordern,
die Finger von Prophezeiungen zu lassen. Dann versucht er, ihm sein
eigenes »Handwerk« zu erklären. Das ist nicht einfach zu verstehen,
doch man lernt den Propheten ein wenig besser kennen.

Jede Prophezeiung kommt von Gott

Man muss auch in Betracht ziehen, dass die Ereignisse letztlich
ungewiss sind und dass alles regiert und verwaltet wird von der
unbegreiflichen Macht Gottes. Sie inspiriert uns nicht in trunke-
ner Raserei und nicht in physischer Erregung, sondern durch die
astronomische Bestätigung.

Nur weil sie vom Geist Gottes angehaucht sind, können sie vorher-
sagen und am prophetischen Geist teilhaben.

Er selbst hat doch erklärt, wie er sich, auf dem eisernen Dreifuß sit-
zend, die »trunkene Raserie« verschaffte. Hier versucht er zu erklären, dass diese nur der Anfang für den Blick in die Zukunft sein kann.

Er musste nach jeder Sitzung das, was er gesehen hatte, astrologisch überprüfen, um damit die Bestätigung für die Richtigkeit seiner Vision zu bekommen.

Wie oft schon habe ich seit Langem, gelegentlich lange im Voraus vorhergesagt, was dann wirklich in den einzelnen Gebieten eingetroffen ist, wobei man gleich hinzufügen muss, dass alle diese Ereignisse durch göttliche Kraft und Eingebung zustande kamen. Andere glückliche und traurige Ereignisse, die rasch und zuverlässig vorhergesagt waren und die eingetroffen sind, wurden durch das Klima der Welt verursacht.

Anders gesagt: Nostradamus hat recht behalten, weil einerseits Gott selbst ihm das, was kommen wird, eingegeben hat, oder eben, weil sich die Menschen genau so verhalten haben, wie es angekündigt war.

Ich wollte eigentlich schweigen und von der Niederschrift ablassen wegen der Beleidigungen. Dabei denke ich nicht nur an die Gegenwärtigen, sondern hauptsächlich an die Zukünftigen. Denn die Regierungen, Parteien, Religionen werden aus heutiger Sicht so radikale Veränderungen durchmachen, sich geradezu ins Gegenteil verkehren, dass die Herrschenden, die Führer der Parteien, die Kirchenleitungen, würde ich berichten, was in Zukunft geschieht, es so schlecht in Einklang mit ihrer ausschweifenden Phantasie bringen könnten, dass sie es verdammen würden, was für Jahrhunderte als Zukunft erkennbar vorhergesehen und dargestellt ist. Ich habe auch das Wort des wahren Retters bedacht: »Gebt das Heilige nicht den Hunden, werft euere Perlen nicht den Schweinen vor, denn sie könnten sie mit ihren Füßen treten und sich umwenden und euch zerreißen.« (Matth. 7,6) ... Das war für mich der Grund, meine Sprache vom Volk und die Feder vom Papier zurückzuziehen.

Man lernt den Propheten kennen und seine Enttäuschungen, dass zu viele unter uns ihn für einen Scharlatan halten. Er musste doch immer wieder herbe Kritik erfahren, und ihm wurde klar, dass man allgemein gar nicht wissen will, was sich in der Welt verändern, was letztlich auf uns zukommen wird. Man wird auch nie bereit sein, ihn selbst wirklich ernst zu nehmen und dafür zu sorgen, dass er richtig gedeutet wird. Es ist leicht zu verstehen, dass er selbst sich immer wieder fragen musste, ob es nicht sinnvoll und besser wäre, die Prophezeiungen zur Seite zu legen und sie der Öffentlichkeit vorzuenthalten. Doch er wollte letztlich doch nur helfen, Fehler zu vermeiden. Das dürfte der Grund dafür gewesen sein, dass er als Prophet nicht aufgehört, sondern weitergemacht hat. Wenn wir gegenwärtig vor den schlimmsten aller Zeiten stehen, werden wir doch wieder nur darauf hoffen, dass er sich in dem, was er uns ankündigt, getäuscht oder zumindest maßlos übertrieben hat.

Deshalb ist der Sinn verschleiert

Doch dann beschloss ich, mich auszubreiten, die Ereignisse, soweit sie von allgemeinem Interesse sind, mit verschlossenen und verwirrenden Sätzen darzulegen – auch die unmittelbar bevorstehenden und jene, die ich vorhergesehen habe, einige menschliche Veränderungen, die kommen werden. Das alles soll zarte Ohren nicht verletzen. Deshalb ist alles in verschwommenen Bildern geschrieben, verschwommener als alle anderen Prophezeiungen. Denn: »Du hast es den Weisen und Klugen verborgen, das heißt den Mächtigen und Königen, und hast es erläutert den Unmündigen und Schlichten.« (Math. 11/25)

Für Propheten gilt: Der Geist der Weissagungen ist ihnen durch den unsterblichen Gott und durch gute Engel zuteil geworden. Mit dieser Hilfe können sie noch weit entfernte Dinge und künftige Ereignisse vorhersehen.

Denn nichts kann sich ohne IHN ereignen. So groß ist seine Macht und die Güte seinen Geschöpfen gegenüber, dass sich ihnen, solange sie in ihr verharren, das Feuer und die Kraft der Prophezeiung nähern, auch wenn sie stets anderen Einflüssen unterworfen sind, wegen der Verwandtschaft mit dem guten Geist – so wie die Sonnenstrahlen uns treffen und ihren Einfluss auf uns haben, sowohl auf den gewöhnlichen Körper als auch auf den geistigen.

Nostradamus versucht noch einmal, sich und seine Fähigkeit zu rechtfertigen, in die Zukunft blicken zu können. Er spricht davon, dass er bewusst vieles nicht einfach beim Wort genommen, sondern verschleiert hat. Und er besteht darauf, dass sein Wissen um die Zukunft von Gott selbst oder von guten Engeln besteht. Damit will er uns aufmuntern, gute Ideen und Einfälle, aber auch Visionen nicht einfach zur Seite zu legen oder gar zu verteufeln, sondern sie gewissenhaft zu überprüfen.

Wir Menschen können nicht aus eigener, natürlicher Einsicht und dank geistiger Fähigkeiten etwas von den verborgenen Geheimnissen Gottes, des Schöpfers, erkennen, »weil es uns nicht zusteht, die Zeit zu kennen, noch den Augenblick«.

Gleichwohl kann es auch in der Gegenwart Menschen geben, durch die Gott, der Schöpfer, in bildhaften Impressionen einige Geheimnisse der Zukunft enthüllen will. Sie sind im Einklang mit der berechenbaren Astrologie, wie auch die in der Vergangenheit. Durch sie erhalten wir eine gewisse Macht und erwünschte Möglichkeiten.

Wie die Flamme vom Feuer kommt, so werden sie inspiriert. Und man lernt, göttliche von menschlichen Inspirationen zu unter-

scheiden. Denn die Werke Gottes sind vollkommen absolut. Gott vollendet sie selbst. Mittler sind die Engel. Als Dritte wirken die bösen Geister.

Solche Äußerungen hören sich an wie Entschuldigungen, sollten aber Erklärungen dafür sein, dass es eben doch Prophezeiungen gibt und man diese mit aller Vorsicht betrachten sollte. Anders gesagt: Nostradamus fühlt sich berufen, das zu sagen, was ihm von Gott und seinen Engeln in Visionen eingegeben wurde. Und er weiß, wie schwierig das alles auch für ihn selbst ist.

Es gibt keinerlei Unsicherheit

Gewiss, mein Sohn, ich spreche hier zu dir ein wenig zu dunkel. Doch so ist das eben mit geheimen Weissagungen, die man durch den alles durchdringenden Geist des Feuers erhält – manchmal auch durch lebhaftes Begreifen bei der Betrachtung der höchsten Sterne während der Nachtwache. So ist es auch bei ihrer Niederschrift, wobei ich immer wieder überrascht bin, dass ich die Ankündigungen ohne die geringste Furcht, frech und geschwätzig zu werden, vornehme: Warum auch? Alles geht aus der göttlichen Macht des großen ewigen Gottes hervor, der alles Gute entspringt.

Nostradamus versucht alles, um seinem Sohn klarzumachen, dass er selbst nichts erfunden und nichts schamlos übertrieben hat und dass man dem, was er prophezeit hat, glauben darf. Auch Ereignissen, die sich in vielen Fällen doch erst 500 Jahre später ereignen würden. Es ist seine starke Betonung, dass alles, was er prophetisch sehen kann, letztlich von Gott selbst stammt.

Noch eines, mein Sohn, da ich den Begriff Prophet verwendet habe: Ich will mir in heutiger Zeit den Titel so großer Erhabenheit nicht zulegen. Denn, »was heute als Prophet bezeichnet wird, hieß früher Seher«. Denn ein wahrer Prophet ist jener, der Dinge sieht weitab vom natürlichen Wissen jeglicher Kreatur. Wenn es aber geschieht, dass der Prophet dank einer vollkommenen prophetischen Erleuchtung unverhüllt göttliche und menschliche Dinge sieht, dann ist das eigentlich unmöglich, weil sich die kausalen Auswirkungen der vorhergesagten Zukunft über lange Zeiträume erstrecken.

Darum sind Prophezeiungen möglich

Denn die Geheimnisse Gottes sind unbegreiflich. Die schöpferische Kraft berührt aber nur sehr entfernt die natürliche Einsicht, die ihren naheliegendsten Ansatzpunkt in der Willensfreiheit sieht. Tatsachen lassen auf Ursachen zurückschließen, die von sich aus nicht erfassbar sind, weder durch menschliches Deuten noch durch andere Einsicht noch durch okkulte Kräfte unterhalb der Himmelswölkung. Nicht einmal durch die Tatsache, dass die ganze Ewigkeit in ihr gegenwärtig ist und alle Zeiten umfasst.

Dank dieser unteilbaren Ewigkeit allerdings und der hiraklianischen, versammelten Vorgänge am Himmel sind die Ursachen durch die Bewegungen am Himmel erkennbar.

Verstehe es richtig, mein Sohn: Ich sage nicht, die Einsicht in diese Materie könnte nicht eines Tages doch noch in dein schwaches Gehirn eindringen. Ich behaupte nicht, die Ursachen für die entfernte Zukunft wären von der vernünftigen Kreatur nicht erfassbar. Wenn dem nichts entgegensteht, kann jedes Geschöpf mit einer geistigen Seele gegenwärtige Ursachen langfristig erkennen. Und diese sind für ihn dann weder zu dunkel noch zu deutlich enthüllt.

Die vollkommene Einsicht in die Ursachen allerdings kann ohne göttliche Inspiration nicht erworben werden. Denn jede prophetische Inspiration erhält ihren ersten Anfang und Impuls von Gott, dem Schöpfer. Danach erst folgen Horoskop und natürliche Begabung.

Weil aber die Ursachen unterschiedlich sind und unterschiedliche Ergebnisse hervorbringen oder nicht hervorbringen, kann sich die Vorhersage auch nur zum Teil so verwirklichen, wie sie angekündigt worden ist.

Denn die aus dem Verstand gewachsene Einsicht kann das Okkulte nicht wahrnehmen, es sei denn durch die Stimmen in Trance mithilfe der winzigen Flamme, in der sich ein Teil der künftigen Ereignisse enthüllt.

Nostradamus erklärt hier, dass jeder von uns in der Lage ist, auch in eigener Klugheit zu erkennen, ob das, was wir Menschen so anstellen, nicht Folgen haben muss. Er kann sich selbst also ein Bild von dem machen, was sich in der Zukunft finden muss. Wenn wir heute zusehen müssen, was auf unserer Erde so massiv falsch läuft, muss uns klar werden, dass das, was Nostradamus für die nahe Zukunft ankündigt, genauso kommen muss, wie der Prophet es angekündigt hat. Doch unser Verstand ist nicht in der Lage, das, was der Prophet angekündigt hat, nach logischen Betrachtungen in richtig oder falsch zu unterscheiden. Er kann aber zur Kenntnis nehmen und beurteilen, was der Prophet bisher angekündigt hat und was davon absolut oder möglicherweise auch einmal falsch war.

Weil aber die Ursachen unterschiedlich sind und unterschiedliche Ergebnisse hervorbringen oder nicht hervorbringen, kann sich die Prophezeiung auch nur zum Teil so verwirklichen, wie sie angekündigt worden ist.

Die Ablehnung der Magie

Denn die aus dem Verstand gewachsene Einsicht kann das Okkulte nicht wahrnehmen, es sei denn durch die Stimme in Trance, mit der Hilfe der winzigen Flamme, in der sich ein Teil der künftigen Ereignisse enthüllt.

Ich bitte dich auch, mein Sohn, beschäftige niemals deinen Verstand mit solchen Träumereien und Wahngebilden. Sie trocknen den Körper aus, stürzen die Seele ins Verderben und verwirren die schwachen Sinne. Dasselbe gilt auch für den Wahnsinn der mehr als abscheulichen Magie, die schon seit eh und je von der Heiligen Schrift und den göttlichen Gesetzen verworfen wird. Als wichtiger Teil ist nur die berechenbare Astrologie ausgenommen. Mit ihrer Hilfe, mit Inspiration und göttlicher Erleuchtung in regelmäßigen Nachtwachen und Berechnungen haben wir unsere Prophezeiungen verfasst und niedergeschrieben.

Wenn ich auch überhaupt nicht befürchte, jene okkulten Philosophien könnten sich als falsch erweisen, so wollte ich ihre hemmungslose Überredungskunst doch niemals veröffentlichen. Wenn ich auch viele Bücher, die jahrhundertelang versteckt wurden, gekannt habe. Weil ich nicht weiß, was mit ihnen geschehen könnte, habe ich sie nach der Lektüre verbrannt. Während die Flammen sie verzehrten und in die Luft züngelten, entstand eine ungewöhnliche Helligkeit, klarer als natürliches Licht. Sie glich einem blendenden Blitz, erleuchtete das Haus so plötzlich, als wäre es augenblicklich in Brand geraten. Letztlich habe ich sie (die magischen Schriften) verbrannt, damit sie in der Zukunft nicht missbraucht werden. Man könnte schließlich die vollkommene Umwandlung von Silber in Gold versuchen, unter der Erde nach unvergänglichem Metall und nach okkulten Wellen fahnden.

Nostradamus gesteht an dieser Stelle, dass er sich gelegentlich auch mit Magie befasst hat, um sich vielleicht noch perfekter mit Prophezeiungen beschäftigen zu können. Doch er hat die geheimen Schriften, obwohl sie ihm irgendwie schon imponiert haben, ins Feuer geworfen, damit sie kein Unheil mehr anrichten können.

Die drei Elemente der Prophezeiung

Was nun aber die Deutungen betrifft, die sich dank der Deutungen des Himmels vervollständigen lassen, will ich dir Folgendes offenlegen: Gerade weil man Kenntnis hat über künftige Ereignisse, kann man die phantastischen Bilder, die auftauchen, weit von sich weisen. Die Besonderheit der Orte lässt sich durch die göttliche übernatürliche Inspiration abgrenzen. Dann bringt man diese Orte mit den himmlischen Zeichen in Einklang, um die dazugehörenden Zeitabschnitte zu bestimmen. Es sind also drei Schritte: okkultes Wissen, Begabung und Talent und göttliche Macht, vor deren Angesicht die drei Zeiten in der Ewigkeit zusammengefasst sind. Der Wechsel, der in ihr stattfindet, macht die Vergangenheit, Gegenwart und Zukunft aus: »Weil alles nackt und bloß …« (vor den Augen dessen liegt, dem wir Rechenschaft schulden (Hebräer 4,13).

Nostradamus schildert hier das perfekte Vorgehen des Propheten: Wenn er etwas Besonderes gesehen hat, muss er erst noch den Ort und die Zeit bestimmen, in der das geschehen wird. Ort und Zeit fand er schließlich in astrologischen Studien. So konnte er festlegen, wann ein Krieg ausbrechen wird und wo.

Deshalb also, mein Sohn, kannst du trotz deines noch zarten Verstandes leicht einsehen, dass die Dinge, die kommen müssen, sich ankündigen können in den nächtlichen himmlischen Lichtern, die

natürlich sind, und durch den Geist der Prophezeiung. Ich will
mir weder den Titel noch die Leistung eines Propheten anmaßen.
Doch durch die unverhüllte Inspiration bin ich als sterblicher
Mensch mit den Sinnen nicht weiter vom Himmel entfernt als mit
den Füßen von der Erde. »Ich kann mich nicht irren, noch täuschen, noch getäuscht werden.« Obwohl ich doch ein größerer

Sünder als jeder andere auf dieser Welt bin, unterworfen jeder menschlichen Anfechtung.

Doch einige Male in der Woche versetze ich mich in Trance. Dann reinige ich in langen Berechnungen die nächtlichen Studien vom Schwefelgeruch. So habe ich prophetische Bücher zusammengestellt. Jedes enthält hundert astronomisch berechnete, prophetische Vierzeiler. Ich habe sie absichtlich ein wenig dunkel gehalten.

Es handelt sich um fortlaufende Weissagungen von heute bis ins Jahr 3797. Vielleicht wird sich der eine oder andere angesichts dieses Zeitumfangs abwenden, doch zur Vollmondzeit wird es stattfinden und eingesehen werden. Und die Zusammenhänge werden auf der ganzen Erde verstanden werden, mein Sohn.

Warum Prophezeiungen wahr sein müssen

Wenn du auf natürliche, menschliche Weise erwachsen geworden bist, wirst auch du in deiner Heimat, am klaren Himmel deines Geburtsortes, künftige Dinge vorhersehen. Wenn auch der ewige Gott allein die Ewigkeit seines Lichtes (der Sterne) kennt, das aus ihm selbst hervorgeht, so sage ich doch ganz offen: In seiner unendlichen und unbegreiflichen Größe wollte er in ausgedehnten, erschütternden Inspirationen enthüllen, was nur mittels verborgener Ursachen von Gott geoffenbart werden kann.

Er tat das auf zweierlei prinzipielle Weisen, die von dem, der prophezeit, verstandesmäßig begriffen werden: Die eine ist eingegeben. Das übernatürliche Licht erstrahlt in der Person, die mittels der Sternenkunde Voraussagungen macht und prophezeit dank inspirierter Enthüllungen.

Die andere ist eine gewisse Teilhabe an der göttlichen Ewigkeit. Der Prophet kann dank dieser Gnade als richtig erkennen, was sein göttlicher Geist ihm in der Gnade Gottes, des Schöpfers, und auf natürliche Anregung hin übermittelt hat.

Das bedeutet aber: Das, was vorhergesagt ist, ist wahr. Es hat seinen Ursprung im Himmel. Sein Licht (die Sterne) und die winzige Flamme (im Herzen) sind von großer Kraft und Erhabenheit. Sie werden bestätigt durch das natürliche Licht, das den Philosophen die Gewissheit gibt: Die Anerkennung des Prinzips von Ursachen und Wirkung lässt die tiefsten Abgründe der höchsten Lehre erreichen.

Doch genug davon, mein Sohn. Ich will mich nicht zu tiefsinnig auslassen, sonst verstehst du es später doch nicht.

Damit beendet Nostradamus seinen Versuch, die Richtigkeit und den Segen der Prophetie zu begründen und seine Arbeitsweise darzulegen. Nun will er seinem Sohn berichten, was in Kürze auf Europa zukommen, er also selbst noch erleben wird.

Die bevorstehenden Katastrophen

Ich bin auch überzeugt davon, dass die Briefe ein riesiges Gequassel auslösen, weil ich herausfand, dass der Welt ein Aufruhr bevorsteht. Die Überschwemmungen und die Fluten werden so hoch steigen, dass es kaum ein Gebiet mehr geben wird, das nicht mit Wasser bedeckt wäre. Und das wird so lange dauern, dass alles verloren zu sein scheint, abgesehen von Volkskunde und Ortsbestimmung.

Vor diesen Ereignissen und ebenfalls nach der Riesenflut wird es in verschiedenen Gegenden so wenig regnen, werden riesige Mengen von Feuer und glühenden Steinen vom Himmel fallen, dass dort keiner bleiben kann, ohne erschlagen zu werden. Das wird geschehen in Kürze, vor dem letzten Aufruhr. Dann nämlich, wenn der Planet Mars seinen Jahrhundertzyklus vollendet, am Ende seiner letzten Periode, wenn er seinen Lauf von vorne beginnt. Dann sind die einen Planeten für mehrere Jahre im Sternzeichen Wassermann, andere für noch längere Zeit und unverrückbar im Zeichen Krebs.

Zu Nostradamus' Lebzeiten hatten wir ganz ähnliche Konstellationen, wie diese heute gegeben sind. Pluto und Saturn verweilten damals lange Zeit im Steinbock. Das Mittelalter ging damit zu Ende, das neue Zeitalter Renaissance stand vor der Tür. Die Welt befand sich wie heute im großen Umbruch.

Jetzt stehen wir unter der Regentschaft des Mondes. Dank der vollkommenen Macht des ewigen Gottes wird die Sonne folgen, noch bevor der Mond seinen Lauf völlig verändert hat.

Dann folgt Saturn. Wenn nach den Gesetzen des Himmels die Herrschaft Saturns rückläufig sein wird, das ist alles berechnet, nähert sich die Welt einem zeitveränderten Umsturz.

Die Astrologie, die Nostradamus hier verwendet, bedeutet viel mehr als das, was wir normalerweise unter Astrologie verstehen. Es geht nicht um den Lauf der Planeten durch die Sternzeichen, sondern weit darüber hinaus um die Regentschaft der Gestirne:

Vom jetzigen Zeitpunkt an (1555), in dem dies geschrieben wird, wird die Welt vor dem Anlauf von 177 Jahren, drei Monaten und 11 Tagen durch Pest, lange Hungersnot und Kriege, mehr noch durch Überschwemmungen zwischen jetzt und diesem fixen Datum, davor und danach mehrfach so dezimiert, es werden so wenig Menschen überleben, dass man kaum mehr einen finden wird, der sich um die Felder kümmert. Sie werden so lange unbestellt bleiben, wie sie bestellt wurden. Nach allem, was man am sichtbaren Himmel ablesen kann, wird sich das wiederholen, wenn wir uns im 7. Jahrtausend befinden. Dann wird sich alles vollenden. Wenn wir uns dem 8. Jahrtausend nähern, es ist das Firmament der 8. Sphäre mit einer breiten Dimension, wird der große Gott den großen Umsturz beenden. Die himmlischen Bilder werden zu ihrer gewohnten Bewegung zurückkehren und zur höheren Bewegung, die unsere Erde stabil und fest macht: »*Sie soll nicht auf ewig weggedreht werden ...*«, *sondern nur bis sein Wille erfüllt sein wird. So wird es geschehen und nicht anders. Gleichwohl wird man, beeinflusst von mohammedanischen Phantastereien, widersprüchliche Meinungen darüber äußern, die jede natürliche Vernunft übersteigen.*

Das ist die Ankündigung des 30-jährigen Krieges, in dem die Menschheit in Europa tatsächlich durch Krieg und Pest auf ein Drittel reduziert wurde. Nostradamus springt von dort in unsere Zeit. Die hat er nach damaliger Vorstellung berechnet. Man ist zu seiner Zeit noch davon ausgegangen, dass unsere Erde 4000 Jahre vor Christus erschaffen wurde. Seit Christus verstorben ist, sind 2000 Jahre vergangen. Also befinden wir uns dieser Rechnung nach heute im 7. Jahrtausend. In unseren Tagen also wird der Dritte Weltkrieg stattfinden. Was soll sich also damit vollenden? Die Menschheit wird, gezwungen durch den Krieg, den Evolutionssprung zu einer neuen, vollkommenen Menschheit schaffen. Es wird damit zum 1000-jährigen Frieden auf der Erde kommen.

Nostradamus erwähnt aber auch hier schon den Polsprung. Die Pole werden auch nach einem grauenvollen Erdbeben für 1000 Jahre in anderen Gegenden zu liegen kommen. Und auch das wird nach 1000 Jahren wieder korrigiert werden. Hier ist also unsere ganze Zukunft in wenigen Worten zusammengefasst. Doch Nostradamus gibt sich damit noch nicht zufrieden.

Alles wird durch göttliche Eingebung vorhergesagt

Auch wird Gott, der Schöpfer, einige Male durch die Sendboten seiner feurigen flammenden Botschaften den körperlichen Sinnen, selbst den Augen wahrnehmbar, in der Zukunft deutbare Zukunftsvorhersagen anbieten. Wir verdanken sie ihm, der uns die Vorhersagen offenbart. Denn die Vorhersage, die man von den Sternen erhält, wird zur unfehlbaren Aussage, soweit sie teilhat an den Sternen und sich ihrer bedient.

Gleichfalls ist wahr: Der Teil, der über das Auge die Einsicht zu vermitteln scheint, entspricht nicht falschen Einbildungskräften. Die Begründung dafür ist höchst einfach: Alles wird durch göttliche Eingebung vorhergesagt und dem Propheten durch den Geist der Engel vermittelt. Er wird gesalbt mit der Gabe der Weissagung, die ihn erleuchtet. Er wird erschüttert durch die Bilder der Phantasie, die in unterschiedlichsten nächtlichen Erscheinungen auftauchen, Bilder, die am Tage prophetische Sicherheit erlangen durch die Deutung der Sterne und die Verknüpfung mit biblischen Zukunftsvorhersagen. Alles ist allein in freiem Mut begründet.

Komm, mein Sohn und höre in dieser Stunde, was ich mit meinen revolutionären Bemühungen, die mit den enthüllten Inspirationen übereinstimmen, entdeckt habe:

Das Todesschwert nähert sich uns in dieser Stunde mit Seuchen und Krieg. Sie werden schrecklicher sein als zur Zeit der letzten drei Generationen. Hungersnot wird die Erde heimsuchen und oft dahin zurückkehren. Denn die Sterne stehen im Einklang zur Umwälzung, wie schon geschrieben steht: »Mit eisernen Ruten will ich ihre Ungerechtigkeiten heimsuchen und sie mit Ruten schlage.«

Eine Zeitlang wird die Barmherzigkeit des Herrn nirgendwo ausgegossen werden, mein Sohn, bis der größte Teil meiner Prophezeiungen sich erfüllt hat. Sie werden sich erfüllen, wenn die Zeit abgelaufen ist. Während der finsteren Sturmzeiten wird der Herr wiederholt sagen: »Ich werde sie zerquetschen. Ich zerbreche sie und habe kein Mitleid.«

Tausend andere Ereignisse werden durch Wasser und ständigen Regen ausgelöst werden, wie ich das mehrfach und ausführlich in meinen anderen Prophezeiungen schriftlich niedergelegt habe. Sie sind ungekürzt zusammengefasst in »ungebundener Sprache«. Die Orte sind eingegrenzt, Zeit und Fristen fixiert, damit die Menschen nach uns die künftigen Ereignisse fehlerfrei erfahren können, wie wir es früher schon mit anderen Büchern festgehalten haben, wobei ich mich klarer ausdrückte. Die Gebildeten werden die Prophezeiungen trotz der Vernebelung verstehen.

»Wenn aber die Unwissenheit entfernt sein wird«, wird größere Klarheit herrschen.

Ich muss zum Ende kommen, mein Sohn. Nimm also das Geschenk deines Vaters M. Nostradamus an. Ich hoffe, dass es dir jede einzelne Prophezeiung der dargelegten Vierzeile erklärt.

Ich bete zum unsterblichen Gott, er möge dir ein langes Leben in Wohlergehen und blühendem Glück schenken.

Salon, 1. März 1555.

Sohn Cäsar ist nicht wie sein Vater Prophet geworden. Doch er hat ihn verteidigt und ein Leben lang dafür gesorgt, dass seine Prophezeiungen nicht verloren gingen.

Das Vorwort
an König Heinrich II.

Drei Jahre nach der Veröffentlichung seiner ersten Centurien, gewidmet dem Sohn Cäsar, erschien der zweite Teil des prophetischen Werkes mit dem Vorwort. Es war gerichtet an seinen König Heinrich II., den der Prophet sehr verehrte, der von ihm aber nicht allzuviel wissen wollte. Seine Frau Katharina von Medici bewunderte Nostradamus umso mehr. Als Arzt und Prophet. Sie reiste mit ihren Söhnen, den künftigen Königen, und der späteren Frau des Königs von Spanien nach Salon-de-Provence, um sie ärztlich untersuchen zu lassen und um zu hören, was aus ihnen werden wird. Sie erfuhr, dass alle Söhne nacheinander König von Frankreich werden.

An den unbesiegbaren
Überaus mächtigen und allerchristlichsten
König von Frankreich.
Von Michael Nostradamus
Dem sehr ergebenen, sehr gehorsamen
Diener und Untertan.
Sieg und Glückseligkeit

Dank der königlichen Beachtung, die mir, o christlichster und siegreichster König, zuteilwurde, nachdem mein Gesicht lange im Schatten lag, durfte ich vor Euer gottgleichen und unermesslichen Majestät erscheinen. Seither bin ich ständig geblendet und höre nicht auf, den Tag zu preisen, an dem ich mich zum ersten Mal vorstellen durfte einer ebenso einzigartigen wie menschlichen Majestät.

So suche ich denn nach einer neuen Gelegenheit, ein starkes Herz und offenen Mut beweisen zu können, um auf diese Weise mein Können in voller Breite Euerer allergnädigsten Majestät zur Kenntnis zu bringen. Mir war natürlich klar, dass ich mich durch Taten nicht erklären konnte. Doch es ist mein einziger Wunsch, aus meiner allzu lange andauernden Situation herauszutreten in das Licht und vor das Angesicht des souveränen Herrn und Königs des Universums.

Lange blieb ich im Zweifel, wem ich die drei Centurien, den Rest meiner Prophezeiungen, die das Tausend voll machen, widmen soll. Nach langem Nachdenken habe ich sie in kühner Vermessenheit Eurer Majestät gewidmet. Ich bin nicht erschrocken darüber wie jene, von denen der bedeutende Plutarch in seinem Werk über Lykurg berichtet. Sie sollen ja angesichts der Opfergaben, die man zu ihrer Zeit den unsterblichen Göttern opferte, vor der eigenen Niedrigkeit und Wertlosigkeit so erschrocken sein, dass sie es nicht mehr wagten, im Tempel zu erscheinen. Da ich aber Eure Königliche Hoheit kenne, die mit unvergleichlicher Menschlichkeit verbunden ist, habe ich mich an Sie gewandt. Schließlich habe ich keinen persischen König vor mir, zu dem man keinesfalls gehen, ja dem man sich nicht einmal nähern durfte.

Ich habe meine nächtlichen prophetischen Eingebungen einem überaus klugen und weisen Fürsten gewidmet. Sie entstammen einem natürlichen Instinkt, dessen poetisches Feuer sich über die Regeln der Dichtkunst hinwegsetzt. Die meisten Verse wurden mit astronomischen Berechnungen in Einklang gebracht, skizzieren also Jahre, Monate, Wochen für bestimmte Gebiete, Regionen, für die meisten Orte und Städte Europas, eingeschlossen Afrika und einen Teil Asiens, insofern als die kommenden Veränderungen der Regionen für die meisten Gebiete auch klimatische Veränderungen mit sich bringen.

Die Verse bilden verschiedene natürliche Blickwinkel. Man wird einwenden: Für einen, der sich die Nase putzen muss (für den Sterblichen), ist der Rhythmus der Verse genauso leicht zu begreifen, wie es schwierig ist, ihren Sinn zu verstehen. Der größte Teil der prophe-

tischen Vierzeiler, gnädigster König, ist jedoch so anstößig, dass man keine Erklärung und keine Interpretation geben kann.

Trotzdem hoffe ich mit dieser Schrift die Jahre, Orte, Städte und Regionen festgehalten zu haben, in den sich das meiste ereignen wird – vor allem zwischen den Jahren 1585 und 1606.

Heinrich II. war der französische König, dem Nostradamus vorhergesagt hatte, dass er in einem Turnier so schwer verletzt werden würde, dass er nach zehn Tagen stirbt, was dann auch genauso eintraf. Katharina von Medici, dessen Frau, rief Nostradamus immer wieder nach Paris. Sie vertraute ihm als Arzt und als Prophet. Deshalb konnte Nostradamus davon ausgehen, dass sein Geschenk nicht einfach weggeworfen, sondern am Hof in Paris gehütet wird – das auch dann, wenn man nicht mehr an Nostradamus und seine Prophezeiungen glauben sollte. Die überschwänglichen Worte des Propheten an seinen König darf man heute nicht falsch verstehen. Damals konnte man sich einem König, vor allem einem in Frankreich, nicht ungerufen nähern.

Die Zukunft bis ins Jahr 2000

Ich beginne mit der gegenwärtigen Zeit, dem heutigen Tag, also dem 14. März 1557 und schaue weit darüber hinaus bis zu dem Ereignis, das zu Beginn des 7. Jahrtausend (Jahr 2000) nach sorgfältigsten Berechnungen stattfinden wird.

Dann, das legen meine astronomischen Berechnungen und anderes Wissen nahe, werden die Gegner Jesu Christi und seiner Kirche übermächtig zu wuchern beginnen.

Das alles ist komponiert und berechnet nach ausgewählten Tagen und Stunden und dann zusammengestellt, so gut ich nur konnte.

Das scheint nun doch das Wichtigste zu sein: Nostradamus spricht gleich zu Beginn von unserer Zeit, in der es zum großen Glaubenskrieg zwischen dem Islam und dem Christentum kommen wird. Und genau das ist doch heute unser Thema: zuerst der Krieg in den muslimischen Ländern, der zur Bildung des Islamischen Imperiums führen wird, und nachfolgend der Dritte Weltkrieg, in dem die Muslime erreichen möchten, dass es als Religion auf unserer Erde nur noch den Islam geben soll.

Mithilfe der Minerva, der freien unbeeinflussten Forschung, errechnete ich nahezu ebenso viele Ereignisse für die Zukunft, wie es in der Vergangenheit, die Gegenwart eingeschlossen, gegeben hat. Im Laufe der Zeit wird man in allen Gegenden die Zukunft erkennen können – genauso wie ich sie niedergeschrieben habe. Ich habe darüber hinaus nichts hinzugefügt, mag man auch sagen, dass der Blick in die Zukunft keinen unverrückbaren Wahrheitsgehalt.

Es ist wohl wahr, Sire, ich habe meine natürliche Begabung von meinen Vorfahren geerbt. Doch ich bilde mir nicht ein, damit allein wahrsagen zu können, sondern ich verbinde das natürliche Talent mit eingehenden Berechnungen und bringe es damit in Einklang. Ich befreie meine Seele, den Geist, das Herz von allen Sorgen, Zweifeln und falschen Gemütsregungen, indem ich die Gedanken zum Schweigen bringe.

Doch alles, was in Einklang gebracht wurde, beruht auf der Prophezeiung. Mögen noch so viele mir vorwerfen, das, was von mir stammt, sei nichts wert. Der ewige Gott sieht in das menschliche Herz– und ist dabei mild, gerecht und barmherzig. Er ist der wah-

re Richter. Zu ihm bete ich, er möge mich verteidigen gegen die Verleumdungen der Bösartigen.

Es sind dieselben, die in verleumderischer Absicht herauszufinden versuchen, wieso alle ihre alten Vorfahren, wenn sie König von Frankreich wurden, die Skrofulose heilen konnten, warum Herrscher anderer Nationen Schlangenbisse heilten, wieder andere die Gabe der Weissagung besaßen. Es würde zu weit führen, dies alles hier aufzuzählen.

Die Niedertracht des Geistes wird im Laufe der Zeit nicht verschwinden. Trotzdem wird denen, die nach meinem Tod kommen, mein Werk mehr gelten als meinen Zeitgenossen – selbst dann, wenn mir in der Berechnung der Jahrhunderte Fehler unterlaufen sein sollten oder wenn die Voraussagen nicht dem entsprechen sollten, was jeder gerne hören möchte.

Wenn Nostradamus davon spricht, dass französische Könige nach ihrer Wahl die Skrofulose heilten, um damit zu zeigen, dass ihre Wahl richtig war, will er sagen, dass wir alle in der Lage wären, weit mehr zu erreichen, wenn wir nur daran glauben könnten. Die Könige waren keine Heiler. Sie beherrschten diese Kunst auch nur an diesem einen Tag, weil davon ihre Zukunft abhängig war.

Es wird Euerer mehr als kaiserlichen Majestät gefallen, mir zu verzeihen. Vor Gott und seinen Heiligen bekenne ich, dass ich nicht die Absicht habe, in diesem Brief etwas niederzuschreiben, das gegen den wahren katholischen Glauben verstoßen würde, indem ich astronomische Berechnungen zu meinem Wissen hinzuziehe.

Der Blick in die Vergangenheit

Der erste Mensch, Adam, lebte etwa 1242 Jahre vor Noah. Ich berechne diese Zeit nicht nach der Formel der Heiden, wie sie etwa Varro niedergeschrieben hat. Ich halte mich strikt an die heiligen Schriften und, soweit es mein schwacher Geist sie bewältigen konnte, an astronomische Berechnungen.

Ungefähr 1080 Jahre nach Noah und der weltweiten Sintflut kam Abraham. Er war selbst, so meinen einige, ein überragender Astrologe und Entdecker der chaldäischen Wissenschaft.

Etwa 515 oder 516 Jahre später wurde Moses geboren. Zwischen der Zeit des Moses und der des David sind etwa 570 Jahre vergangen. Schließlich verflossen zwischen David und den Tagen unseres Retters und Erlösers Jesus, geboren von der einzigen Jungfrau, nach Meinung einiger Geschichtsforscher 1350 Jahre. Man mag einwerfen, dass einige dieser Berechnungen unrichtig sein müssten, weil sie von denen des Eusebius abweichen.

Seit der Zeit der menschlichen Erlösung bis zur abscheulichen Verführung der Sarazenen vergingen ungefähr 621 Jahre.

Von diesem Zeitpunkt an kann man nun leicht errechnen, wie viel Zeit vergangen ist und ob meine Berechnung richtig und für alle Nationen gültig ist. Denn alles ist berechnet nach dem Lauf der Sterne, nach der Zusammenfassung der gefühlsmäßigen Eingebungen, die mich in gewissen Stunden überkamen, und nach den von meinen Ahnen ererbten Fähigkeiten.

Es ist völlig unwichtig, ob diese Zeitberechnungen richtig sind oder fasch sein sollten. Vieles spricht dafür, dass sie zumindest für die späteren Zeiten stimmen. Nostradamus wollte einfach ganz am Anfang beginnen, was eigentlich unmöglich ist.

Die Schande der Zeit aber, gnädigster König, macht es nötig, solche verborgenen Ereignisse bestenfalls in rätselhafter Sprache zu offenbaren, die nicht nur einen einzigen Sinn und eine einzige Aussage besitzt. Das bedeutet aber nicht, dass eine zweideutige oder doppeldeutige Berechnung hinzugefügt wäre. Wie das nun mal so ist, bleibt alles in Dunkelheit gehüllt, angepasst an die Aussage eines der 1002 Propheten, die es seit der Erschaffung der Welt entsprechend der phönizischen Zeitberechnung des Joel gegeben hat: »Ich will von meinem Geist ausgießen über alles Fleisch. Euere Söhne und Töchter werden weissagen.« (Joel 3,1)

Solche Prophezeiungen gehen nämlich aus dem Mund des Heiligen Geistes hervor, der die ewige unumschränkte Macht verkörpert. Nur in Verbindung mit dem Himmel hat jeder aus der großen Zahl der Propheten große, wundervolle Dinge vorhergesagt.

Ich für meinen Teil maße mir in keiner Weise einen solchen Titel an. Das könnte Gott missfallen. Ich bekenne aber, dass alles von Gott kommt. Ihm gebühren Dank, Ehre und Lobpreis in alle Ewigkeit.

Ich habe nichts von der Wahrsagerei hineingemischt, die von einem festgelegten Schicksal ausgeht. Es stammt alles von Gott, von der Natur. Und das meiste läuft synchron mit der Bewegung der Gestirne. So habe ich gewissermaßen in einen Brennspiegel hineingeschaut und sah in nebelhaften Bildern die großen, traurigen, ungeheuren und grauenhaften Ereignisse, die durch die Machthaber hereinbrechen.

Noch einmal versucht der Prophet, bevor er zur Sache kommt, sich gegen Anschuldigungen zu rechtfertigen, darauf hinzuweisen, dass er nur übermittelt, was ihm von Gott offenbart wurde. Dann wird der Prophet aber deutlicher:

Ich sehe, dass hauptsächlich auf die Kirche Gottes, dann auch auf jene, die die irdische Macht verkörpern, ein riesiger Verfall zukommen wird, verbunden mit tausend anderen unglücklichen Ereignissen. Im Laufe der Zeit wird man das einsehen. Denn Gott wird die lange Unfruchtbarkeit der großen Dame sehen. Sie wird daraufhin zwei fürstliche Kinder empfangen. Jene, die ihr der jugendlichen Besonnenheit wegen zur Seite gegeben wird, wird im 18. Lebensjahr in Todesgefahr geraten. Sie kann nicht älter werden als 36 und wird drei Buben und ein Mädchen hinterlassen.

Auch jene, die bisher niemals empfangen hat, wird vom selben Vater zwei Kinder haben. Unter den drei Brüdern gibt es zunächst große Differenzen. Doch dann werden sie zusammenhalten und so sehr ein Herz und eine Seele sein, dass drei und vier Teile Europas zittern werden.
Durch den Jüngsten wird die christliche Monarchie aufrechterhalten und ausgedehnt.

Sekten werden sich erheben und rasch niedergeworfen werden. Die Araber werden vertrieben, Königreiche vereinigt, neue Gesetze feierlich verkündet.

Von den anderen Kindern wird das erste das Land der wilden gekrönten Löwen besitzen, die furchtlos die Pranken über das Wappen halten.

Der zweite wird zusammen mit den Lateinern gewaltig voranstürmen. Er unternimmt den zweiten erschütternden und furiosen Zug zum Berg Jupiters und steigt hinunter, um die Pyrenäen zu erklimmen. Ihm wird die antike Monarchie nicht anvertraut werden.

Mit der unfruchtbaren Dame meint Nostradamus immer Frankreich. Das ist zunächst eine ganz persönlich an König Heinrich II. gerichtete Prophezeiung, die dem König ankündigen will, was innerhalb seiner Familie passieren wird. Einem wird gelingen, was ihm selbst misslang: den Krieg gegen Italien zu gewinnen. Er wird über die Pyrenäen bis nach Ägypten vordringen, ohne dort herrschen zu können. Einer wird König von England werden. Dazu private Ereignisse innerhalb seiner Familie.

Die dritte Überschwemmung der Erde mit Menschenblut

Dann kommt er zu den großen, wichtigen Ereignissen, die uns in diesen Tagen bevorstehen:

Es wird die dritte Überschwemmung mit Menschenblut ausgelöst. Man wird sich nicht lange in Enthaltsamkeit üben ... Schließlich wird das ganze Abendland, der Mittelmeerraum und der Orient vor Angst beben ... Danach wird die unfruchtbare Dame (Frankreich) sehr viel mächtiger sein. Sie wird von zwei Völkern unterstützt. Vom ersten, das geschockt war durch einen Diktator. Von einem zweiten und dritten, das seine Kräfte nach dem Osten Europas und bis zu den Pannoniern (Österreich/Balkan) ausdehnen wird. Diese werden geschlagen und unterworfen. Mithilfe der Marine wird man einfallen in Sizilien, über Griechenland nach Deutschland und alles unterwerfen. Die Religion der lateinischen Länder wird hart bedrängt und davongejagt.

Das alles hat Nostradamus recht verschlungen, wie es seine Art war, fast unverständlich dargelegt. Er kündigt an, dass es vor allem die Franzosen sein werden, die den Muslimen Widerstand bieten. Mit dem Land im Osten dürft er Russland meinen. Deutschland und der

Balkan haben keine Chance, dem Überfall Widerstand entgegenzusetzen. Nostradamus fährt fort:

Dann beginnt die große Herrschaft des Antichristen im Reich des Attila und Xerxes. In riesiger, unübersehbarer Zahl werden seine Anhänger heranstürmen. Das wird so schlimm, dass die Ankunft des Heiligen Geistes, der am 45. Grad herabsteigt, eine allgemeine Flucht auslöst. Man flieht vor den Gräueln des Antichristen. Er führt den Krieg gegen den Königlichen, der zum großen Stellvertreter Jesu Christi wird, und gegen seine Kirche. Er wird in einer Zeit herrschen, die ihn begünstigt.

Nun bestätigt der Prophet noch einmal die Herrschaft des Antichristen, dem es gelungen sein wird, alle Staaten mit islamischem Glauben zum Riesenreich unter seine Macht zu zwingen, und die riesige Arme, die sich aufmachen wird, über Europa herzufallen. Mit dem Herabsteigen des Heiligen Geistes kann nur eine Naturkatastrophe gemeint sein, die die Menschen zur Flucht veranlasst. Man flieht aber auch vor dem Überfall des Antichristen. Der Königliche, der ihm Widerstand leistet und ihn letztlich besiegen wird, ist Chiren, der in Europa die Macht übernommen hat und gleichzeitig der Chef im Vatikan geworden ist.

Zuvor aber kommt es zu einer Sonnenfinsternis. Es wird die dunkelste und finsterste seit der Erschaffung der Welt bis zum Sterben und Leiden Jesu Christi und von da bis zum heutigen Tag. Im Monat Oktober werden einige so große Verschiebungen eintreten, dass man glauben wird, die Schwerkraft der Erde hätte ihre natürliche Bewegung verloren. Die Erde wäre hinausgeschleudert in die ewige Finsternis. Im Frühjahr werden diesem Ereignis extreme Veränderungen vorhergehen und später nachfolgen, nämlich die Umgestaltungen der Länder. Und zwar zum einen durch schwere Erdbeben und zum anderen durch das Überhandnehmen des neu-

en Babylon, der miserablen Tochter, gestärkt und groß geworden durch die Gräuel des ersten Holocausts. Sie wird sich nicht länger als 73 Jahre und 7 Monate halten können.

Zum zweiten Mal spricht Nostradamus davon, dass das schreckliche Beben, das die dreitägige Sonnenfinsternis und den Polsprung auslösen wird, noch vor dem Dritten Weltkrieg stattfinden wird. Es könnte also jeden Tag schon so weit sein. Wir sollten uns darauf vorbereiten.

Dann wird aus dem Stamm jener, die so lange unfruchtbar war, der Mann hervorsprießen, geboren am 50. Breitengrad, der die christliche Kirche erneuern wird. Es wird zum großen Frieden kommen, zur Eintracht der Kinder, die durch Grenzen verwirrt und getrennt gewesen sind. Es wird jener Friede sein, in dem die Anstifter und die treibende Kraft der Kriegspartei und der religiösen Spaltung im tiefsten Abgrund angekettet bleiben wird.

Das also ist die Schilderung all dessen, was in unseren Tagen auf uns zukommen wird. Der Dritte Weltkrieg, ausgelöst vom Islamischen Imperium. Es wird nicht länger als 73 Jahre und 7 Monate existieren, in dieser Zeit aber den Dritten Weltkrieg auslösen, der 27 Jahre lang dauern wird. Frankreich, das Land, das so lange »unfruchtbar« blieb, wird diesen Krieg gewinnen. Dann folgt der 1000-jährige Frieden mit einer ganz neuen Menschheit, die über alle ihre Fähigkeiten verfügen wird.

Rückblick auf Deutschland

An dieser Stelle bricht Nostradamus ab, um sich mit der Geschichte in Deutschland zu befassen:

Das Reich des Tollwütigen, der den Weisen spielen wollte, wird geeinigt werden. Und die Landstriche, Dörfer, Städte, Gegenden und Provinzen, die die ersten Wege verlassen hatten, um sich zu befreien, sich aber nur noch schlimmer gefangen setzten, werden sich in noch tiefere Knechtschaft begeben. Nach dem völligen Verlust der Religion werden sie anfangen, sich loszuschlagen von der linken Partei, um zur rechten zurückzukehren. Sie werden das lange Zeit unterdrückte Heilige und die Heilige Schrift wieder in Ehre halten. Wenn nach dem großen Hund der noch größere Bluthund auftauchen wird, der alles in Schutt und Asche legt, selbst das, was vorher schon zerstört wurde, werden sie die Kirchen wieder so aufbauen, wie sie früher waren. Der Klerus wird wieder in seinen früheren Stand gesetzt. Doch er wird erneut anfangen, herumzubuhlen, in Luxus zu schwelgen und tausend Sünden zu begehen.

Kritik an der Kirche

Damit bahnt sich bereits das nächste Unheil an. Dann nämlich, wenn die Kirche in höchster erhabenster Würde erstrahlt, rüsten die Machthaber und die Superheere. Es werden ihr (der Kirche) die beiden Schwerter (weltliche Macht, Gerichtsbarkeit) abgenommen. Ihr bleiben nur äußerliche Zeichen. Mit anziehender Demut bringt sie das Volk endlich auf den rechten Weg.

Da sie jenen nicht willfährig sein will, die mit entgegengesetzten Zielen und harter Hand die Erde antasten und die für Aufruhr

*sorgen bis zum Zeitpunkt, da aus dem Zweig der lange Zeit Un-
fruchtbaren jener sprießt, der die Menschen der Erde wohltuend
und bereitwillig aus der Knechtschaft befreit, wird sie (die Kirche)
sich unter den Schutz des Mars stellen und Jupiter aller Ehren und
Würden berauben – alles zugunsten der freien Stadt, die in einem
anderen, kleinen Mesopotamien gegründet wurde.*

Nostradamus erlaubt sich, die Kirche zu kritisieren, dass sie immer
nur kämpft, statt für Freude und Wohlergehen zu sorgen.

*Und der Chef und Statthalter wird aus der Mitte entführt und an
einen Ort in der Luft gebracht, ohne dass er etwas ahnt von der
Konspiration der Verschwörer mit dem zweiten Thrasybulos, der
das alles von langer Hand vorbereitet hat. Zur großen Schande der
Niederträchtigen werden die Gräueltaten bestritten. Das wird sich
ändern zum Ende der Umbildung seiner Herrschaft. Die Enthüllungen bleiben im Nebel des getrübten Lichts.*

Das kennen wir schon vom Aufruhr der »Roten« und ihrem Überfall
auf den Vatikan.

*Die Häupter der Kirche können mit der Liebe Gottes nicht mithal-
ten. Viele von ihnen weichen sogar vom wahren Glauben ab. Von
den drei Konfessionen (Buddhismus, Christentum, Islam) gerät
die mittlere durch ihre eigenen Priester etwas in Misskredit. Die
erste (Buddhismus) wird in ganz Europa heimisch werden. Der
größte Teil der dritten (Islam) wird in Afrika durch die Armen im
Geiste ausgerottet, weil sie taktlos und überheblich in verschwen-
derischem Luxus lebte.*

*Das kleine Volk wird sich in breiter Masse erheben und alle verja-
gen, die sich an die Gesetze halten. Es wird so aussehen, als würden die Reichen durch orientalische Völker geschwächt, als hätte*

Gott selbst Satan aus seinem höllischen Gefängnis befreit, um Gog und Magog zur Welt kommen zu lassen. Sie sorgen für eine so scheußliche Spaltung der Kirche, dass weder die Roten noch die Weißen – beide blind und handlungsunfähig – mehr wissen, was sie tun sollen. Ihnen wird die Macht entrissen.

Danach setzt die Verfolgung der Kirche ein, wie es sie noch nie gegeben hat.

Herber Tadel des Propheten an allen, die für die Religion zuständig sind. Es bleibt fraglich, ob die Reihenfolge der drei Religionen hier richtig ist. Wenn Nostradamus von der Kirche spricht, meint er immer die christliche. Wenn er von der Verfolgung der Kirche spricht, denkt er immer zuerst an die Zeit der französischen Revolution.

Zurück zum Dritten Weltkrieg und zu seinen Folgen

Inzwischen entsteht eine so große Seuche, dass von drei Teilen der Welt zwei dahinsiechen. Das wird so schlimm werden, dass man nicht mehr erkennen kann, was zu den Feldern und was zu den Häusern gehört. In den Straßen wächst das Gras kniehoch. Über den Klerus bricht die totale Verzweiflung herein.

Die Soldaten terrorisieren die Menschen, die aus der Sonnenstadt (Paris), von Malta und von den Hyèren-Inseln geflohen sind. Die große Kette vor dem Hafen, der seine Überlegenheit dem See-Stier verdankt (Marseille), wird gelöst. Es kommt zu einer erneuten Invasion von der Küste her. Man versucht, Castuon (Ort in Südspanien) zu befreien, das von den Muslimen eingenommen wurde. Diese Angriffe werden nicht erfolgreich sein.

Der Ort, der einst von Abraham bewohnt wurde, wird erstürmt von Anhängern der Jovialisten.

Die Stadt Achem (Sichem) wird eingeschlossen und von allen Seiten mit mächtigen Truppenverbänden bestürmt. Ihre Streitkräfte werden von den Westmächten geschwächt.

Über dieses Reich (Israel) kommt eine große Verwüstung. Die größten Städte werden entvölkert. Wer versucht, sie zu betreten, wird von der Rache und vom Zorn Gottes gepackt.

Und das Grab der großen Verehrung wird lange Zeit offen unter dem unbegrenzten Blick der Augen des Himmels, der Sonne und des Mondes offen liegen.

Der heilige Ort wird in einen Stall für Groß- und Kleinvieh verwandelt und für profane Dinge verwendet werden. Oh, in welche Bedrängnis geraten die schwangeren Frauen!

Das ist der bereits geschilderte Angriff des Islam auf Israel, bei dem es sich dieser Schilderung nach um einen Atomangriff handeln wird. Wer die zerstörten Häuser vorzeitig betritt, fällt der radioaktiven Verstrahlung zum Opfer.

Doch dann wird der größte Teil des orientalischen Machthabers aufgeschreckt und von den Leuten aus dem Norden und dem Westen besiegt, getötet, geschlagen. Der Rest kann fliehen. Ihre Kinder, die in Vielweiberei gezeugt worden sind, werden eingesperrt. Dann wird sich die Prophezeiung des königlichen Propheten erfüllt haben: »Er hört die Klagen der Gefangenen und befreit die Söhne der Getöteten!«

Welcher immense Druck lastet dann auf den Fürsten, Statthaltern der Königreiche, selbst derer, die im Meer und im Orient liegen! Ihre Sprachen sind in der großen Gemeinschaft vermischt: Latein mit Arabisch, dazu kommt noch Phönizisch.

Alle orientalischen Herrscher werden davongejagt, besiegt, vernichtet, aber nicht etwa mithilfe der Truppen der Adlerländer (Deutschland, Österreich, Russland). Schon in der Nähe unseres Jahrhunderts sucht jeder dieser drei Verbündeten Tod, Verlust und Hinterhalt für den anderen.

Die Erneuerung des Triumvirats wird sieben Jahre dauern. In dieser Zeit verbreitet sich der Ruf dieser Partei um die ganze Welt. Das Opfer der heiligen, unbefleckten Eucharistie wird erhalten bleiben. Zwei Persönlichkeiten aus dem Norden bleiben siegreich über die Orientalen. Dabei entsteht ein so lautes Kriegsgeschrei, dass der ganze Orient in Angst vor diesen Brüdern zittern wird, die in Wahrheit gar keine Brüder sind.

Nostradamus hat es uns wahrlich nicht leicht gemacht, seine Andeutungen zu verstehen. Hier spricht er von der großen Niederlage, die die islamischen Truppen nach dem Atomangriff auf Israel hinnehmen müssen. Der Sieg der drei Adlerländer führt, wenn das richtig gedeutet wird, zur Gründung einer neuen christlichen Religion. Man muss davon ausgehen, dass die Zerstörung Israels nicht im Dritten Weltkrieg, sondern wohl doch schon zuvor geschehen wird. Nostradamus gesteht ein, dass er seine Prophezeiungen bewusst so schwer verständlich gehalten hat:

Darum, Sire, habe ich mit diesen Ausführungen die Vorhersagen beinahe verwirrt. Wann alles so geschehen wird, sich also diese Ereignisse erfüllen und die zahllosen, die im Laufe der Zeit nachfolgen werden, das ergibt sich nicht oder bestenfalls nur teilweise aus dem oben Dargelegten. Mithilfe astronomischer Berechnungen und auf anderem Weg, nicht zuletzt mit der Heiligen Schrift, die niemals irren kann, könnte ich, wenn ich nur wollte, für jeden Vierzeiler den genauen Zeitpunkt nennen. Doch das wäre für keinen angenehm. Es sei denn, Eure Majestät würde mir die Vollmacht dazu geben, damit Verleumder keinen Grund mehr haben, über mich herzufallen.

Eine neue Zeitrechnung

Nun will Nostradamus dem König doch noch einmal eine neue Zeitrechnung vorstellen:

Auf jeden Fall komme ich, wenn ich die Jahre zähle, die seit der Erschaffung der Welt bis zur Geburt Noahs vergangen sind, auf 1506 Jahre. Von der Geburt Noahs an bis zur Fertigstellung der Arche und dem Eintreffen der weltweiten Sintflut sind 600 Jahre vergangen – ob Sonnenjahre oder Mondjahre oder beide gemischt zugrunde liegen, bleibt allerdings fraglich. Ich halte daran fest, dass die Heilige Schrift nach Sonnenjahren rechnet. Am Ende jener 600 Jahre stieg Noah in die Arche, um vor der Flut gerettet zu werden. Diese weltweite Überschwemmung dauerte ein Jahr und zwei Monate.

Vom Ende der Sintflut bis zur Geburt Abrahams vergingen 295 Jahre, von der Geburt Abrahams bis zur Geburt Isaaks 100 Jahre, von Isaak bis Jakob 60 Jahre. Von der Stunde, da er nach Ägypten ging, bis zu seiner Ausreise vergingen 130 Jahre. Vom Einzug der Kinder Israels bis zu ihrem Auszug verflossen 430 Jahre.

Und zwischen dem Exodus aus Ägypten und dem Bau des Tempels durch Salomon im vierten Jahr seiner Regierung lagen 480 Jahre. Seit dem Tempelbau bis zu Jesus Christus vergingen nach den Berechnungen der Autoren der Heiligen Schrift 490 Jahre. Mit denselben Berechnungen, gesammelt in den Heiligen Schriften, komme ich also auf ungefähr 4173 Jahre.

Solche Berechnungen stimmen in sich, nur der Beginn ist stets falsch. Das Leben auf der Erde ist viel älter.

Zeitenwende Französische Revolution

Nostradamus, der das Ende des Mittelalters erlebt hat, wendet sich nun dem Ende des Zeitalters Renaissance zu. So wie zuletzt 2020 befanden sich 1792 Saturn und Pluto im Steinbock. Die Menschheit stand unmittelbar vor dem Zeitalter Neuzeit. Wie immer am Ende eines Zeitalters stand die große Wende bevor, belastet mit Unruhen und Krieg:

Beginnend in diesem Jahr (1780) setzt nämlich die schlimmste Verfolgung der Kirche ein, wie es sie nicht einmal in Afrika gegeben hat. Und sie wird andauern bis ins Jahr 1792. Dann wird man sich einbilden, man müsste eine neue Zeitrechnung einführen.

Das ist in diesem Jahr in Frankreich genauso gekommen. Doch da niemand mitmachen wollte, kehrte man in die alte Zeitrechnung zurück. Die Verfolgung der Kirche bestand in der Leugnung der Seele. Da sie nicht nachweisbar war, hat die Wissenschaft sie abgeschafft. Damit war auch die Kirche nicht mehr nötig. Priester, Mönche, Nonnen wurden verfolgt und umgebracht. Napoleon zwang den Papst, in eine Vorstadt von Paris umzuziehen, damit er ihn besser kontrollieren konnte.

Danach wird das römische Volk anfangen, sich aufzurichten, um dunkle Schatten zu verscheuchen, allerdings nicht ohne große Spaltungen und anhaltende Veränderungen. Später wird Venedig mit großer Macht und Stärke seine Flügel heben – und zwar so hoch, dass man kaum noch von der Kraft des antiken Roms sprechen kann. In dieser Zeit bilden große Segel aus Byzanz das Hindernis. Das Land hat sich mit Ligurien verbündet und wird tatkräftig unterstützt vom Norden. Nur zwei Kreter verweigern ihm die Treue.

Italien war immer wieder gespalten und tat sich sehr schwer damit, zum einflussreichen Staat zu werden. Venedig wurde zur perfekten europäischen Handelsstadt, die vor allem mit der Türkei und Staaten in Nordafrika beste Geschäfte machte. Auch hier ist es unerlässlich zu Kriegen gekommen.

Die von den antiken Mars-Anhänger (Römer) erbauten Triumphbogen gehen gemeinsam in den Wogen Neptuns unter. In der Adria wird große Zwietracht entstehen. Das, was vereinigt wird, zerbricht gleich wieder. Zu einem einzigen Haus wird, was zuvor eine große Stadt war. Der Pompotan wird das Mesopotamien Europas (Rhonetal) am 45. Breitengrad in Besitz nehmen und andere Gegenden beim 41., 42. und 37. Breitegrad.

Noch einmal Dritter Weltkrieg

In dieser Zeiten und in den genannten Gegenden schleudert die teuflische Macht ihre ganzen feindlichen Kräfte gegen die Kirche Jesu Christi und dessen Gesetz. Der zweite Antichrist verfolgt die Kirche und ihren Stellvertreter mithilfe der zeitgenössischen Staatsgewalten.

In ihrer Dummheit lassen sie sich von Zungen verführen, die mehr zerschneiden als jedes Schwert eines Irrsinnigen. Die erwähnte Herrschaft des Antichristen wird bis zum Tod dieses Mannes werden, der um die Jahrhundertwende in der Stadt des Plankus (Lyon) geboren wurde. Ihm zur Seite steht der Erwählte von Modena, Bologna und Ferrara.

Die Adria wird bis in die Nähe von Sizilien von den Liguriern beherrscht (Leute aus dem Golf von Genua). Man wird am Berg Jupiters (Rom) vorbeiziehen. Der gallische Ogmium (Herkules) wird das Gesetz verkörpern. Er wird begleitet von einem riesigen Heer aus einem fremden Land. Von da an und noch einige Zeit später wird wahllos das Blut der Unschuldigen durch die Übeltäter vergossen. Diese können ihr Ansehen sogar noch steigern.

Dann aber werden die großen Fluten die Erinnerungen an diese Ereignisse und Machenschaften hinwegspülen. Selbst das, was aufgeschrieben ist, geht verloren. Jener, der gegen die Nordländer ist, wird nach dem Willen Gottes Satan noch einmal bändigen. Unter den Menschen wird weltweit Friede geschlossen. Die Kirche Christi wird von aller Drangsal befreit, so sehr sich auch die Bewohner der Azoren bemühen werden, Galle in den Honig zu mischen mit ihrer pestartigen Verführungskunst.

Hier versucht Nostradamus noch einmal, besondere Einzelheiten während des Dritten Weltkriegs zu schildern. Es geht dabei doch vor allem um den Religionskampf: Der Islam will seinen Glauben auf die ganze Welt verbreiten und damit erreichen, dass es nach dem Krieg nur noch diese einzige Religion gibt. Wenn Städte und Länder also erobert sind, gehen jene ans Werk, die nun auch dafür sorgen müssen, dass die Eroberten den islamischen Glauben annehmen. Und das wird offensichtlich mit großem Aufwand und mit enormem Druck durchgeführt. Selbst Europäer, einstmals Christen, werden in diesem bösen Spiel mitmachen. Doch nicht Deutschland oder Russland werden das und den Krieg beenden, sondern einer, der diesen Ländern wenig zutraut und eigentlich gegen sie ist. Das kann wiederum nur Chiren sein.

Das alles wird um das 7. Jahrtausend (Jahr 2000) geschehen. Das Allerheiligste Jesus Christi wird von den Ungläubigen aus dem Norden nicht mehr mit Füßen getreten werden. Doch dann kommen einige Brandkatastrophen auf die Welt zu. Wie aus meinen Prophezeiungen hervorgeht, dreht sich der Lauf der Zeiten noch sehr viel länger.

In meinem Brief, den ich vor Jahren meinem Sohn Cäsar widmete, habe ich einige Punkte klar und offen dargelegt, ohne sie zu verschleiern. Hier aber, o Sire, sind mehrere große und wunderbare Ereignisse zusammengefasst, die unsere Nachfahren erleben werden.

Kommunismus und Bolschewismus

Nostradamus kehrt noch einmal zurück in Zeiten, die wir zuletzt erlebt haben:

Meinen astrologischen Berechnungen zufolge, versehen mit der Heiligen Schrift, hat die Verfolgung der Gläubigen ihren Ursprung in der Macht der Herrscher des Nordens (Russland). Sie verbünden sich mit dem Orient. Diese Verfolgung wird etwa 11 Jahre lang dauern. Dann wird dem ersten der nordische Machthaber ein südlicher Nachbar hochkommen. Er wird die Kleriker 3 Jahre lang noch schlimmer verfolgen. Das geschieht durch die Verführungskünste eines Ketzers, der die unumschränkte Macht über die militante Kirche innehat.

Das heilige Volk Gottes, das seine Gebote befolgt, und alle religiösen Orden werden hart verfolgt und heimgesucht, sodass überall das Blut der wahren Kirchentreuen schwimmt. Einer der schrecklichen Machthaber lässt sich von seinen Anhängern Loblieder singen, weil er mehr menschliches Blut der unschuldigen Christen vergossen hätte, als er Wein hätte trinken können.

Derselbe Machthaber begeht unglaubliche Schandtaten gegen die Kirche. Menschliches Blut wird über öffentliche Straßen und durch Kirchen fließen wie Wasser während eines Wolkenbruchs. Vom Blut werden die naheliegenden Flüsse sich rot verfärben. Andernorts wird ein Seekrieg das Meer röten. In einem Brief eines Regierungschefs an einen anderen wird es heißen: »*Durch die Kämpfe zur See verfärbt sich das Wasser rot.*«

Nostradamus befasst sich hier mit Russland und mit dessen Kirchenverfolgungen. Der Machthaber, der aus dem Süden kommt, ist Stalin, der aus Georgien stammte. Dann spricht er von einer schlimmen Seuche, die ausbrechen soll:

Noch im selben Jahr und in den nachfolgenden wird die schlimmste Seuche ausbrechen. Durch den vorhergegangenen Hunger wird sie noch entsetzlicher. Die Heimsuchung wird so groß werden, wie man sie noch nie seit der Gründung der christlichen Kirche erlebt hat. Sie breitet sich über alle lateinischen Gegenden aus und gräbt Spuren auch in spanische Gebiete.

Hier dürfte der Prophet von Aids sprechen.

Dann wird der dritte nordische Machthaber (in Russland) durch seinen Regierungschef die Klagen des Volkes hören. Er wird eine riesige Armee aufstellen und an den Zerstörungen seiner letzten und vorletzten Vorgänger vorbeiziehen. Den größten Teil lässt er in seinen früheren Zustand wiederherstellen.

Das könnte der Hinweis sein auf etwas, was uns noch bevorsteht.

Noch einmal der Dritte Weltkrieg

Danach wird der höllische Fürst selbst zum Antichristen. Noch einmal, zum letzten Mal, werden alle christlichen Reiche zittern – und mit ihnen die Ungläubigen – 25 Jahre lang. Die Kriege und Schlachten sind noch entsetzlicher geworden. Orte, Städte, Schlösser und alle anderen Gebäude gehen in Flammen auf, werden zu Ruinen, mit fürchterlicher Gewalt zerstört. Das But der geschändeten Jungfrauen, Frauen und Witwen wird vergossen. Säuglinge schleudert man gegen die Mauern der zerstörten Orte. Satan, der Höllenfürst, wird so viel Unheil anrichten, dass beinahe die ganze Welt vernichtet und verödet sein wird. Vor diesen Ereignissen schreien irgendwelche ungewöhnlichen Vögel ihr »Hui, hui« durch die Luft. Nach einiger Zeit sind sie wieder verschwunden.

Nachdem diese Zeit lange gedauert hat, wird sich fast eine zweite Regierungsperiode des Saturn erneuert haben. Es beginnt das Goldene Zeitalter. Gott, der Schöpfer, hört vom Elend seines Volkes und sagt: Satan soll ergriffen, gebunden und in den tiefsten Abgrund der Unterwelt gestürzt werden. Dann beginnt zwischen Gott und den Menschen ein universeller Friede. Etwa 1000 Jahre wird er halten. Die Kirche wird zur höchsten Machtentfaltung gelangen, bis sich dann alles wieder zum Bruch wendet.

Dass diese Visionen sehr genau mit der Heiligen Schrift und den sichtbaren himmlischen Dingen abgestimmt sind, das lässt sich erkennen an Saturn, Jupiter, Mars und den übrigen Konstellatio-

nen. *Noch vollständiger lässt es sich von einigen Vierzeilern ablesen. Ich habe sehr gewissenhaft gerechnet und eines mit dem anderen in Einklang gebracht.*

Ich sehe aber, o gnädigster König, dass das eine oder andere vor der Zensur Schwierigkeiten machen könnte. Das ist der Grund, warum ich meine Feder weglege und mich zur nächtlichen Ruhe zurückziehe.

Noch vieles, o über alles mächtiger König, wird sich klar und logisch in Kürze ereignen. Doch alles in diesen Brief hineinschreiben, das wollen und können wir nicht. Um aber gewisse schreckliche Ereignisse besser verstehen zu können, sind ein paar Dinge andeutungsweise vorweggenommen. Denn so reich ist deine Größe, deine Menschenfreundlichkeit und deine Frömmigkeit vor Gott, dass nur Du allein würdig bist, den Namen des mächtigsten, allerchristlichsten Königs zu tragen. Dir allein kommt die höchste Autorität auch in religiösen Fragen zu.

Nun erbitte ich von Ihnen, o überaus gütiger König, nur das eine: Sie möchten in Ihrer einzigartigen und weisen Menschenfreundlichkeit den Wunsch vernehmen, den mir mein Mut eingegeben hat, und das Ergebnis meines höchsten Eifers entgegennehmen.

Es ist derselbe Eifer, mit dem ich Eurer Majestät gehorchen will, seitdem meine Augen Euren sonnengleichen Glanz so nahe sehen durften, an den meine Arbeit nicht im Entferntesten heranreicht, was auch gar nicht versucht werden soll.

Salon, 27. Juni 1558
Verfasst von Michel Nostradamus in Salon, Provinz Petri

Bibliografie

Die erste Gesamtausgabe der 1000 Centurien mit den beiden Vorworten ist im Jahre 1568 in Lyon vom Buchdrucker Benoist Rigaud, zwei Jahre nach dem Tod des Michel Nostradamus, veröffentlicht worden. Er selbst soll ihm das Manuskript übergeben haben.

Daneben tauchten auch schnell Fälschungen auf, die aber rasch beim Vergleich mit den Handschriften des Propheten, aufbewahrt in einem Museum in Paris, als solche entlarvt werden konnten.

1668, nach der Hinrichtung König Karls in England und den nachfolgenden Katastrophen in London, erschien in Holland die sogenannte Elzevier-Ausgabe, die Lesbarste. Der Berliner Verlag Richard Schikowski hat sie im Faksimile-Druck neu herausgebracht.

Michel Nostradamus, EDITION 1605.
Verlag Richard Schikowski, 1970

C. Loog: *Weissagungen des Nostradamus.* Selbstverlag, 1921

Kurt Allgeier: *Morgen soll es Wahrheit werden.* Heyne-Verlag, 1981

Kurt Allgeier: *Die großen Prophezeiungen des Nostradamus in moderner Deutung.* Heyne-Verlag, 1982

Kurt Allgeier: *Die Prophezeiungen des Nostradamus. Alle Verse im Urtext, übersetzt, kommentiert und neu gedeutet.* Heyne-Verlag, 1988

Kurt Allgeier: *Nostradamus-Zeitenwende. Seine Prophezeiungen bis ins vierte Jahrtausend.* Heyne-Verlag, 1994

Kurt Allgeier: *Prophezeiungen für das dritte Jahrtausend. Was die großen Seher vorhersagen.* Moewig-Verlag, 1999

Jean-Charles de Fontbrune, *Nostradamus, Historien et Prophète.*
Édition du Rocher, 1980

Dr. N. Alexander Centurio: *Nostradamus, prophetische
Weltgeschichte.* Turm-Verlag, 1977

Elisabeth Bellecour: *Nostradamus Trahi.* Robert Laffont, 1981

Erika Cheetham: *The Prophecies of Nostradamus.* Corgi Books, 1974

Helmut Swoboda: *Propheten und Prognosen. Hellseher und Schwarz-
seher von Delphi bis zum Club of Rome.* Droemer Knaur, 1979

Serge Hutin: *Les prophéties de Nostradamus.* Belfond, 1972

Rudolf Putzien: *Nostradamus, Weissagungen über den Atomkrieg.*
Drei Eichen Verlag, 1968,

Jean-Marie Leduc: *Années d'Apocalypse 1980–2030.*
Édition de la Table Ronde, 1980